L'Accompagnement modal

du

Chant grégorien

J. PARISOT

L'Accompagnement modal

DU

CHANT GRÉGORIEN

PARIS

LIBRAIRIE DE L'ART CATHOLIQUE

6, PLACE SAINT-SULPICE, 6

Les formules et les exemples d'accompagnement cités dans ce travail ont été empruntés pour le plus grand nombre aux ouvrages suivants :

Giulio Bas. — *Kyriale* seu Ordinarium Missae, ad exemplar Editionis Vaticanae concinnatum. Cantum gregorianum transcripsit et modulationibus ornavit Julius Bas, ad normam Editionis rythmicae a Solesmensibus monachis exaratae, Tournai, Desclée, 1906.

— *Missae in Praecipuis Festis*, ad exemplar Editionis Vaticanae concinnatae... Tournai, Desclée.

C. Bordes. — *Melodiae Paschales*. Choix de pièces grégoriennes et du moyen âge, transcrites en notation moderne et annotées par le R. P. dom Mocquereau, avec harmonisations de MM. Alex. Guilmant, Vincent d'Indy, F. de la Tombelle et Ch. Bordes. Paris, au Bureau d'Edition de la *Schola Cantorum*.

F. Brun. — *Les Saluts grégoriens*. Collection de pièces pour les Saluts. Accompagnement par l'abbé F. Brun. Lyon, Janin, 1910-1913, 28 livraisons.

— *Toni communes Missae*. (Tons communs de la Messe transposés en plusieurs tons) *organo comitante, juxta Editionem Vaticanam*. Accompagnement très facile pour orgue (ou harmonium). Lyon, Janin, 1912.

— *Organum comitans ad* Kyriale *seu* Ordinarium Missae, *juxta Editionem Vaticanam*. Accompagnement à trois parties pour orgue (ou harmonium). Lyon, Janin, 1912.

— *Chants de la Messe*. II. Propre de la Messe (*Introït*, etc.) d'après l'Edition Vaticane. Accompagnement à trois parties pour orgue (ou harmonium), par l'abbé Brun. Lyon, Janin, 1912-1913, 22 livraisons.

— *Toni Psalmorum et V. Benedicamus Domino, organo comitante*. Accompagnement à trois parties. Lyon, Janin, 1911.

— *Traité d'accompagnement du chant grégorien*. Paris, *Schola Cantorum*, 1909.

P. Chassang. — *Manuel de l'Accompagnateur du Chant grégorien et des Cantiques populaires*.

A. Gastoué. — *Traité d'harmonisation du Chant grégorien sur un plan nouveau*. Lyon, Janin, 1910.

A. Guilmant. — *Melodiae natales*. Choix de pièces grégoriennes et du moyen âge pour les fêtes de Noël... Paris, *Schola Cantorum*.

L. Jacquemin. — *Accompagnements nouveaux* et très faciles du chant des offices, par l'abbé L. Jacquemin, professeur au séminaire Saint-Charles de Chauny (Aisne) avec Notices explicatives sur les divers chants, par Amédée Gastoué, consulteur de la Commission pontificale grégorienne, professeur à la *Schola Cantorum* et à l'Institut Catholique de Paris, 5 fascicules. Chez l'auteur, 1912.

Aug. Kling. — *L'Orgue pour tous*. Accompagnements pour orgue ou harmonium. 2e série, Chants grégoriens, par Aug. Kling, organiste de la Basilique de Saint-Epvre à Nancy. 1905-1906.

Le Guennant. — *Vade-mecum paroissial de l'Accompagnateur grégorien*. Saint-Laurent-sur-Sèvre, Biton, 1911.

L. Lepage. — *Traité de l'accompagnement du Plain-Chant*, IIe partie, par l'abbé L. Lepage, organiste à l'Eglise métropolitaine de Rennes. Rennes, Bossard-Bonnel, 1900.

A. Lhoumeau. — *XII Mélodies grégoriennes* arrangées pour orgue avec ou sans pédales, par le R. P. Ant. Lhoumeau.

— *Choix de pièces variées* pour les Saluts du Saint-Sacrement avec accompagnement d'orgue. Série A. Série B.

A. Lhoumeau. — *Psalmodie et Chants ordinaires avec accompagnement d'orgue.* Série C, 1893-1895. Saint-Laurent-sur-Sèvre. Biton.

[Mégret]. — *Mélodie de Chant Grégorien tirées des anciens Missels, pour les saluts du Très Saint Sacrement.* Poitiers, Baudoux, éditeur.

— 1re Livraison : E. Gigout, R. *Homo quidam.* A. Desmet, *Dies iste.* A. Guilmant, R. *Media vita.* E. Tinel. Prose *Dei Matris cantibus.*

— 2e Livraison : Gevaert, R. *Duo seraphim.* L. Vanhoutte. Antienne *Dum duceretur.*

— 3e Livraison : Busschaert, Antienne *Venite populi.* L. Boellmann, *Mens intenta.* P. J. Van Damme, R. *Vidi speciosam.* E. de Groote, R. *In conspectu.*

— 4^e Livraison : E. Tinel, R. *Virginitas.* Gevaert, *Laetabundus.* C. Planchet, R. *O Hilari.* A. Lhoumeau, R. *Benedicta.* D. Legeay, Alleluia *Post partum.* A. Desmet, R. *Surrexit.*

— 5e Livraison : P. J. Vam Damme, *Hac clara.* A. Desmet, R. *O beata Trinitas.* R. *Hodie nata.* E. Brune, R. *Christus.*

Em. Brune. — *Nouvelle Méthode élémentaire de l'Accompagnement du Plain-Chant.* Paris, Haton.

F. X. Mathias. — *Ordinarium Missae. Commune Sanctorum.* Strasbourg, Le Roux.

P. Wagner. — *Ordinarium Missae. Commune Sanctorum. Proprium de tempore. Proprium Sanctorum.* Arras, Procure de Musique religieuse.

F. Nekes. — *Kyriale. Graduel, pour les fêtes principales.* Dusseldorf, Schwann.

L'ACCOMPAGNEMENT MODAL

DU

CHANT GRÉGORIEN

PREMIÈRE PARTIE

I. — Caractère de la mélodie grégorienne.

Le Chant grégorien, essentiellement mélodique, ne requiert pas pour lui-même d'accompagnement instrumental ; mais, s'il est nécessaire de venir en aide aux exécutants et de soutenir le chœur, il convient de choisir avec soin le cadre harmonique que l'on devra donner à cette mélodie.

Si les formules grégoriennes étaient une suite quelconque de notes n'ayant pas entre elles de rapport rythmique, elles s'accommoderaient peut-être d'un accompagnement note pour note ; et si les modes n'étaient « qu'une gamme de *do* finissant sur l'un ou l'autre de ses degrés », toute harmonisation leur serait bonne, et les « tons d'Eglise » ne préoccuperaient pas les musiciens.

Bien au contraire, ces mélodies, de forme délicate et de haut caractère, conçues selon des modalités très riches et bien définies, soumises à un rythme libre, — c'est-à-dire non isochrone, — mais précis, représentent une forme d'art qui n'est pas une opposition à la forme moderne de la musique. L'une et l'autre sont « les deux branches d'un même tronc, les deux espèces d'un même genre » (1), et nous n'en sommes plus à demander aujourd'hui aux musiciens de faire une place au Chant grégorien (2), qui est « la seule musique religieuse que l'Eglise ait pu adopter pour sienne » (3), parce que, intimement et incessamment jointe au culte, elle en porte le sceau », en perpétuant, avec un « sens nou-

---

(1) R. P. A. Lhoumeau, *Etude sur l'Harmonisation du Chant grégorien* (Choix de pièces variées pour les Saluts du Saint Sacrement, avec accompagnement d'orgue, 3ᵉ livraison, p. 4. Saint-Laurent-sur-Sèvre, 1894.

(2) F.-A. Gevaërt, *La Mélopée antique dans le chant de l'Eglise latine*. Gand, 1895 ; — V. d'Indy, *Cours de composition musicale*. Premier livre. Paris, Durand, 1912, ch. IV : « La cantilène monodique », p. 65 ; — A. Gastoué, *La Musique d'Eglise*. Lyon, Janin, 1911 : « Charles Bordes et ses précurseurs », p. 260 et suiv., et p. 158.

(3) Em. Baumann, *Les grandes formes de la Musique*. L'œuvre de Camille Saint-Saëns. Paris, 1905, p. 342.

veau et épuré », « les inflexions des prières anciennes », et qu'enfin, « exécuté suivant son rythme et ses traditions vraisemblables, ce Chant grégorien conserve une puissance, une efficacité singulières » (1). Dans les anciens cultes, « la mélodie s'effaçait sous les mots, et les mots étaient graves, d'où son accent, grave aussi, uni, impersonnel ; d'où son rythme ample et flottant, comme celui de la parole » (2).

Cette mélopée antique était homophone, exécutée à l'unisson ou à l'octave, sans polyphonie vocale. L'accompagnement, s'il figurait, se limitait à un petit nombre de consonances en rapport avec la modalité, et représentait le rythme ou dessinait une sorte de contre-chant à l'aigu. Ce n'est pas cette forme d'accompagnement qu'il conviendrait de préconiser comme le soutien harmonique du Chant grégorien dans les conditions ordinaires d'exécution. On en étudiera toutefois le caractère, strictement modal au point de vue harmonique, svelte et léger au point de vue du rythme, commè la mélodie elle-même, et l'on retiendra que le souci des musiciens anciens était de ne point contrarier la mélodie ni d'étouffer les voix (3).

II. — Accompagnement rythmique.

Quoique différant en de nombreux points dans leurs réalisations harmoniques, les accompagnateurs de mélodies grégoriennes s'accordent sur l'impossibilité de suivre le chant note par note. Ce procédé détruit le rythme en confondant les rapports de temps qui le constituent, et ne permet pas la libre évolution des combinaisons neumatiques. D'où ce premier principe, qu'un groupe de notes ou une subdivision de groupe porte une harmonie principale, le frappé de l'accord tombant sur l'*ictus* rythmique. Les autres notes du groupe sont traitées secondairement comme notes de passage ou notes « mélodiques » étrangères à l'accord.

Cette loi musicale s'applique à la mélodie antique et au chant médiéval avec autant de raison qu'à la mélodie moderne. Le Chant grégorien étant essentiellement et purement mélodique, à plus juste titre que le récitatif libre qui s'est fait une si large place dans la composition actuelle, ne peut en effet exclure de son harmonisation l'emploi de ces notes « accidentelles », conforme à la pratique et à l'enseignement musical. Par ce moyen l'harmoniste grégorien se trouve placé sur un terrain connu et précis.

La mélodie à harmoniser se présente sous la forme de transcriptions, en croches musicales, des neumes grégoriens. Cette notation conventionnelle figure sans doute les groupements, mais elle est insuffisante pour préciser maints détails mélodiques. L'accompagnateur n'attribuera

---

(1) Em. Baumann, *loc. cit.*, p. 340, 342.
(2) *Ibid.*, p. 341.
(3) Voir O. Riemann et M. Dufour, *Traité de Rythmique et de Métrique grecques.* Paris, Armand Colin, 1893, p. 132.

pas aux notes de cette figuration une valeur de temps fixe et absolu que
ne comporte pas l'écriture des neumes, dès lors que les éléments de la
notation médiévale varient de durée selon leur position dans le neume
lui-même ou relativement à la syllabe du texte (1). Facilement saisis-
sables dans leur notation propre, ces déterminations de valeur ne res-
sortent que conventionnellement dans la transcription en notes modernes.
Comparons, comme exemple, la simple phrase de l'intonation du *Credo*
dans diverses éditions :

Le tableau suivant est également instructif :

D. A. Mocquereau, Notules pratiques sur l'interprétation du *Kyrie* « *Alme Pater* »
(Edition Vaticane, n° X). *Revue grégorienne*, mars-avril, 1912, p. 56, note. Cp. janvier-février
1913, p. 11-14.

La stricte interprétation musicale de ces transcriptions serait pour le
musicien la cause d'une erreur qu'évite sans peine un modeste élève de
maîtrise chantant d'après les neumes. Somme toute, ces transcriptions
valent ce que vaudrait du russe ou du grec en caractères latins (2).

(1) Une suite de notes telle que celles de ce fragment de répons :

représentera en effet, au point de vue de la mesure moderne, neuf signes d'égale valeur.
Appliquée au texte latin, chaque unité conforme sa valeur à celle de la syllabe ; la transcription se trouve inexacte pour le musicien qui s'en tiendrait aux éléments du solfège.
Cp. A. Gastoué, *Notices explicatives sur les chants liturgiques*, dans *Accompagnements
nouveaux...* par l'abbé L. Jacquemin, III, p. 10.
(2) Mgr R. du Botneau, *Congrès grégorien des Sables-d'Olonne*, 1908, p. 166, 168.

Dans cette notation musicale destinée à l'accompagnateur, le *punctum* : ••et la *virga* ¶ sont rendus par une note simple, le plus communément par une croche : ♪

Les groupes sont figurés par un ensemble de croches sous une même barre :

Podatus et clivis (1) :

Torculus, porrectus :

Scandicus :

Salicus :

Climacus : (2)

On doit aussi suppléer l'indication, souvent omise dans les transcriptions, des signes de silence et de pause, qui sont éléments rythmiques.

Les ornements vocaux, aussi bien que les modifications neumatiques dues à l'émission liquescente ou au choc de consonnes, équivalent, pour l'harmonisation par groupes, à la note pleine :

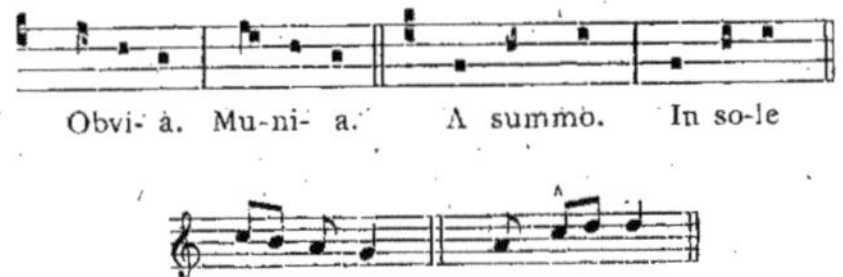

Les neumes juxtaposés sur le même degré sont transcrits soit en croches liées, soit en une seule note de valeur équivalente :

(1) Rappelons que pour les plain-chantistes du moyen âge, un signe de deux ou trois notes sur une syllabe était « une seule note » : *nota podati, nota porrecti, nota porrecta.* L'unité d'émission de chaque groupe est démontrée par le fait que, dans l'exécution d'une série de notes on donne l'intensité à celle qui est la principale au point de vue mélodique, en adoucissant les autres, qui sont en dépendance de la première comme des notes accidentelles développant la note réelle dans l'analyse mélodique moderne.

(2) La subdivision par 2-3 ou 3-2, si elle n'est pas déterminée par l'écriture, laisse place à des préférences rythmiques. L'importance des notes modales, différentes d'une échelle mélodique à une autre, est un élément propre à fixer la combinaison de la mélodie avec le dessin rythmique. Cp. D. Mocquereau, *Le Nombre musical*, p. 286. Ci-après, p. 33.

Plusieurs auteurs confondent ainsi toutes les juxtapositions de notes, alors qu'il convient de représenter en signes doubles ou triples la *bivirga* :

 (ou), ♩ l'*oriscus* : 

et le *strophicus* :

Cette figuration est prise d'ailleurs du procédé des vieux maîtres, qui exprimaient par plusieurs croches liées sur le même degré le battement ou la répercussion d'une note dans une seule émission (1).

La note longue par position, différente du *pressus*, est figurée par une noire :

Christe   Amen

. Les auteurs s'accordent à marquer d'un signe d'intensité le degré qui précède l'ornement appelé *quilisma*. Cette indication est nécessaire pour le placement des notes d'harmonie :

Cette transcription devra laisser apparentes les subdivisions rythmiques des neumes composés, dont les éléments forts, ou *ictus*, sont représentés par la note accentuée du groupe de deux ou trois croches, les groupements plus nombreux possédant un ictus secondaire qui subdivise le rythme et peut recevoir un second accord ou une autre position du premier accord. On verra toutefois que la mélodie n'exige pas ces changements harmoniques sur chaque temps secondaire.

(1) Les anciens observaient que quatre éléments contribuent à former la mélodie : 1º la marche des sons par degrés voisins ; 2º l'« entrelacement des sons » à intervalles disjoints ; 3º « la répercussion plusieurs fois reproduite » d'un même degré sur la même syllabe ; 4º la tenue fixe d'un son. Cléonide, *Introduction harmonique*, 123-126. Dans C.-E. Ruelle, *Collection des auteurs grecs relatifs à la musique*. Paris, 1884, p. 40, 41. Cp. Gevaërt, *Histoire de la Musique dans l'antiquité*, Gand, 1881, p. 381. Il ressort des textes étudiés, que la répercussion s'appliquait aux *notes modales*. Ce procédé constituait une partie très caractéristique de l'art ancien. Cette indication sera utile pour l'étude analytique de la mélopée médiévale, encore qu'en interprétant les mélodies grégoriennes suivant la tradition, on ne cherche pas à reproduire certains détails de l'exécution ancienne, que nous ne connaissons pas, ou que nous ne pourrions adopter sans réserve. Voir « *Essai sur l'Interprétation des Mélodies grégoriennes* », *Tribune de Saint-Gervais*, novembre 1895.

La note finale ou le groupe final de cadence ou de *mora vocis* supporte un allongement que l'harmonie doit suivre et souligner, lors même que la transcription en signes musicaux ne le traduit pas.

On laisse parfois en dehors de l'harmonisation, ou bien on accompagne de l'accord de la mesure précédente la note ou le groupe amenant l'ictus mélodique principal (1) :

D. G. OULD.

Le détail de la théorie rythmique appartient aux traités spéciaux. Nous supposons que l'accompagnateur possède la mélodie rythmée, dont il suivra en tout l'allure, en donnant un seul accord à chaque groupe ou subdivision de groupe.

Les notes composant un groupe, si elles se présentent en *podatus, clivis* ou autres neumes, sur degrés disjoints, peuvent faire partie de l'accord comme notes « réelles » ou intégrantes. Une série d'exemples montrera les meilleures applications de ce procédé (IIe partie, A).

Dans d'autres cas ces notes sont traitées, ainsi qu'il a été dit, en notes accidentelles, étrangères à l'accord choisi pour harmoniser l'ensemble de la formule, d'après les procédés suivants :

1. NOTES DE PASSAGE, remplissant l'intervalle entre deux notes réelles, de valeur courte et par degrés proches, et se présentant sur la partie faible du rythme : B.

Ce procédé s'applique aux neumes (ou aux équivalents syllabiques de ces neumes) représentant plusieurs sons réunis par degrés conjoints, savoir : *scandicus* ♩ ; *climacus* ♪ , ♪ , *podati* superposés ♩ ; *doubles clivis* ♪ ou les combinaisons de *climacus praepunctis* ♪ , ♪ ; *podatus subpunctis* ♪ .

---

(1) La mélodie des hymnes iambiques souligne parfois cette « anacrouse », lorsqu'elle débute par une appogiature de la note modale :

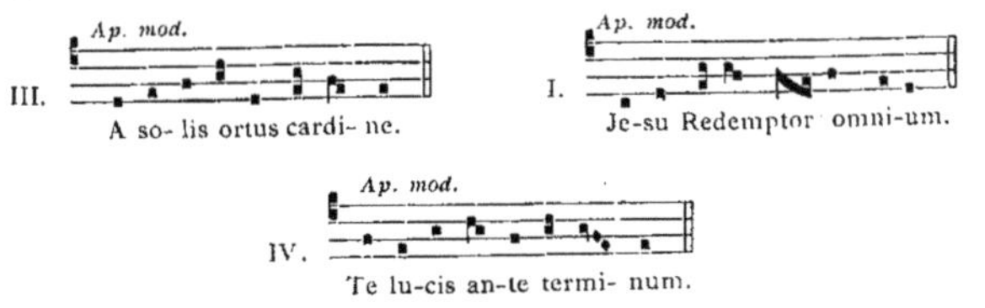

Mais ce fait n'est pas une constatation générale.

On voit que le système d'harmonisation le plus simple consiste à ne pas changer l'accord réunissant les deux extrêmes de la formule : B, *a* et suivants.

Certains auteurs font exécuter à l'accompagnement, parallèlement à la mélodie, des notes de passage : *b, c, e, f, g, h,* où l'on remarquera cette note en frottement de seconde mineure.

La note d'ornement du *quilisma* se traite bien en note de passage : *i* (Cp. ci-dessus, p. 11).

Ces notes accidentelles deviennent au contraire notes réelles avec une autre harmonie, les premières devenant à leur tour de simples notes de passage : C.

2. BRODERIES, constituées par une note accidentelle liée à la principale par degré conjoint, à intervalle de seconde majeure ou mineure. Placée entre deux émissions de la note réelle, qu'elle coupe ainsi en deux, cette broderie est appelée *médiaire* et s'accompagne de tout accord convenant à la note principale qu'elle remplace momentanément dans la mélodie : D.

Le *torculus* et son inverse le *porrectus* sur deux degrés voisins : *(a, c)*; la seconde note des pieds binaires suivis d'un *punctum* : *(b, e)*; les neumes *resupini* : *(h, l)*, sont des exemples de médiaire mélodique.

On trouve une broderie simultanée dans l'accompagnement : *n, p, r.* Cp. O, *b.*

Des groupes tels que ceux-ci produisent la médiaire double : *:* E.

On évite de placer dans l'accompagnement le redoublement de la broderie par demi-ton, ainsi qu'une autre note en relation de demi-ton avec cette broderie. Cependant le frottement de l'exemple D, *m,* est admis.

L'accord n'est pas nécessairement immobile. Il peut changer en effet au retour de la broderie sur la note principale *(d, e)* ou pendant l'accompagnement même de la broderie *(n, r).* Le procédé de la subdivision de temps permet le changement d'accord sans brisure de rythme : D, *o, q, s, t.*

3. APPOGIATURE. — Si cette même note accidentelle est donnée avant la note principale sans en être précédée :

elle produit la broderie par appogiature: « note appuyée ». Placée au commencement d'un groupe, l'appogiature reçoit l'ictus et s'accompagne de l'accord propre à la note qui la suit : F.

On distinguera l'effet harmonique de l'appogiature consonante, appartenant indirectement à l'harmonie suivante *(a, d),* et l'appogiature en dissonance de septième *(b)* et de neuvième *(c)*. On trouvera aussi que l'harmonie est plus heureuse dans les exemples ou la basse ne redouble pas la résolution de l'appogiature *(j, l.* Cp. avec *k)*. Les formules *e, g, h,* présentent une combinaison très recherchée, dite « appogiature 7-6 », parce qu'elle offre la succession, sur notes communes, des deux accords de septième degré et de sixte. Cp. F, *i* avec D, *l* et l, *d.*

L'appogiature donne un accompagnement très coloré aux formules du *podatus* et de la *clivis* en degrés conjoints, constituant le premier l'appogiature *ascendante* (appogiature inférieure), l'autre l'appogiature *descendante* (supérieure).

L'entrée de l'accord peut précéder l'émission de l'appogiature : G.

Les neumes de trois notes sur degrés disjoints sont souvent harmonisés par l'appogiature double : F, *j* et suivants.

On applique encore aux mêmes groupes l'appogiature *faible,* note d'ornement non accentuée, qui ne se frappe pas avec l'accord et qui vient entre l'ictus, par degré disjoint, et la note réelle, sur laquelle elle s'appuie par degré conjoint : H.

4. L'ÉCHAPPÉE est, au contraire de l'appogiature, une médiaire ne revenant pas à la note principale, mais suivie par conséquent d'une note autre que le degré de seconde supérieure ou inférieure.

L'échappée tombe sur la partie faible du rythme. Elle accompagne les mêmes neumes que l'appogiature, et, par l'adjonction d'une troisième note, les groupes ternaires dont le troisième élément est à intervalle disjoint : I. Cp. I, *d* avec F, *i.*

On observera que l'échappée, en conjonction avec d'autres groupes, tombe souvent sur l'appogiature : I, *b.*

La note échappée peut aussi appartenir à l'accord suivant et former une anticipation indirecte (ci-après, p. 15), applicable aux mêmes sortes de groupes : J.

5. Les PROLONGATIONS, — suspensions, pédales ou retards, — consistent dans la tenue, sur un second accord, d'une note appartenant à l'accord précédent.

L'harmonie régulière :

modifiée ainsi qu'il suit, produit la suspension :

Les suspensions tombent sur le temps fort, comme l'appogiature, dont elles diffèrent en ce que celle-ci n'est pas préparée, c'est-à-dire entendue dans l'accord qui précède. La prolongation est nécessairement préparée dans le premier accord. On ne peut prolonger que ce qui existe déjà : K.

On rapprochera la suspension 7-6 (*a*, *b*) de la forme correspondante d'appogiature, ci-dessus.

La suspension peut affecter l'une ou l'autre partie accompagnante parallèlement à la ligne du chant. Elle intervient aussi dans l'accompagnement seul : L.

6. L'ANTICIPATION, corrélative du retard (1), est une note appartenant à l'accord suivant. Elle vient par conséquent au temps faible et précède une note forte. On peut appliquer l'anticipation ou bien le retard à l'accompagnement du *pressus*. — On la trouve aussi sur la dernière note d'un *podatus* ou d'une *clivis*, suivie d'une troisième note : sur le même degré : M. Les cadences modales données à la suite présenteront de nombreux exemples où l'anticipation et le retard permettent d'éviter le placement antirythmique d'un accord sur un temps faible, spécialement entre l'antépénultième accentuée et la finale :

La formule conforme au rythme doit être :

Les formules précédentes sont des exemples d'anticipation directe, où la note anticipante est la même que celle qui suit dans la mélodie. Dans l'anticipation indirecte, la note se retrouve non dans la mélodie mais dans l'accord qui suit immédiatement. (Ci-dessus, p. 14.)

____

(1) Il n'y a pas anticipation d'un côté sans qu'il n'y ait retard de l'autre.

Un autre cas d'anticipation se présente au début d'une phrase, sur une note en dehors du rythme, précédant le temps fort. On peut laisser cette note sans harmonisation : N. Ce procédé s'applique bien à la première syllabe des vers iambiques.

Les successions de quintes que l'on peut constater dans l'examen de tous les exemples qui précèdent se justifient par la vérification de l'harmonie indépendamment de la note accidentelle. On admet :

et l'on proscrit au contraire :

Ces formules correspondent respectivement aux réalisations.

(Comparez Lepage, *op. cit.*, p. 9, 13, 36.)

7. La Pédale (O), longue tenue de note à l'une des parties, est aussi l'une des meilleures ressources de l'accompagnement grégorien, soit qu'elle maintienne la tonique en annonce de la finale mélodique (*a*), soit qu'elle affirme une note modale sur la basse ou en partie intermédiaire : (*e*), ou qu'elle repose sur deux notes modales (*c, d*).

On étudiera en *f, f'* un bel exemple de pédale intérieure.

On aura vu, dans un grand nombre des formules transcrites en exemple de tous ces procédés harmoniques, que ces diverses espèces se succèdent l'une à l'autre ou encore s'emploient simultanément dans la mélodie et dans l'accompagnement, dont elles varient les ressources à l'infini.

C'est ainsi que l'on obtient :

La broderie de la note de passage : D, *j, e;*
La broderie de l'appogiature : D, *i.* Cp. F, *f;*
Même broderie, par la médiaire : F, *n* ;
Broderie de la suspension : K, *e, g* ;
Broderie double de la suspension : K, *h* ;
Broderie de l'échappée : I, *a* ;
Broderie, dans une élégante formule, de l'échappée formant anticipation : J, *a* ;
Broderie de l'anticipation : M, *c* ;
Broderie de la broderie : D, *g, h* ;
Suspension suivie d'échappée : K, *f* ;
Appogiature de la médiaire : G, *b.* Cp. F, *m* ;
Anticipation (*mi*) de l'appogiature double : M, *b.*

On a vu (F, *j, k, l* et suivants) des exemples d'appogiature double, la première étant l'appogiature de la seconde.

Résolution (sur *fa*) de l'appogiature, interrompue par une autre note de l'accord : G, *a.*

Arrivant à certaines limites, la théorie se reconnaît moins applicable, et l'on retient comme loi suprême la sanction de l'oreille pour l'application de modernes et très heureuses combinaisons, interdites dans les mouvements lents à cause des dissonances qu'elles produisent sur les valeurs longues, et qui ne pouvaient convenir pour ce motif à l'accompagnement du plain-chant altéré du xviiie siècle. Ces procédés trouvent au contraire leur emploi justifié dans l'harmonisation des formules grégoriennes, dont le rythme et l'allure ne s'accommodent pas d'une succession d'accords sur chaque élément mélodique.

On observera au surplus que ces notes étrangères aux accords ne changent pas l'harmonie, qui reste consonante.

Le choix des accords correspondant, pour ce système d'harmonisation rythmique, aux ictus principaux et secondaires, ne peut être déterminé par une règle absolue. On conseille d'appliquer aux temps forts principaux l'accord tonal sous la forme d'accord parfait non renversé. Par contre, les renversements (1) s'effectueraient sur les ictus secondaires, et les autres artifices harmoniques accompagneraient ces mêmes temps secondaires ou encore les notes de passage.

(1) On indiquera ci-après les ressources spéciales offertes par l'emploi du premier renversement (p. 42). Le second renversement, qui doit se prendre avec précaution, né

La comparaison de divers exemples cités à la suite montrera que ces conseils ne peuvent prétendre à devenir des règles, et que la réalisation d'un accompagnement correct et agréable dépend en somme du goût et du travail personnels (1).

peut être considéré comme proscrit en présence de formules très heureuses telles que celles-ci, où il figure en cadence :

en broderie :

par marche régulière d'une partie accompagnante :

sur pédale en succession directe :

(1) « Les règles… sont grammaticales ; elles sont impuissantes à former le *style*. Il y a de mauvais discours qui n'enfreignent aucune des lois de la grammaire. Le style ne s'acquiert que par le travail, qui donne l'expérience. » L. Lepage, *op. cit.*, II, p. 74.

Par exemple, l'obligation de fixer l'harmonie sur la partie forte du rythme, dans le but de ne donner aucune prédominance au temps faible, n'implique pas le changement d'accord à chaque ictus. Une seule harmonie suffit souvent à toute une série de groupes, lorsque celle-ci n'est autre chose que le développement mélodique d'une note de récitation primitive : P.

Le soulignement obligé de tous les ictus par un accord nouveau alourdirait le chant et produirait un accompagnement gauche.

D'autre part il y a parfois utilité à donner aussi aux parties d'accompagnement des prolongations ou des mêmes notes accidentelles, à l'effet d'atténuer des duretés harmoniques ou d'éviter des brisures de rythme : Q.

Dans les premiers exemples la rencontre de la note mélodique avec son octave diminuée est corrigée par le mouvement de l'accompagnement.

Une broderie analogue peut accompagner le *quilisma* (*a*), mais le frappé d'un accord sur cet ornement n'est pas rythmique, non plus que sur la note médiaire d'un groupe de trois (*b*). Mais le mouvement parallèle des harmonisations ne rompt pas l'unité rythmique du groupe. On s'en rend compte par la lecture des exemples qui suivent (*c*).

L'accompagnateur n'a pas à reproduire dans l'harmonisation les autres ornements vocaux qu'il faut laisser exprimer librement aux chanteurs. Bien qu'au point de vue mélodique les notes doubles ou juxtaposées puissent être traitées comme une seule note longue, deux croches devenant une noire et trois croches une noire pointée (p. 11), toutefois des harmonisateurs attentifs dédoublent certains groupes (1) ; d'autres soulignent les mouvements de *l'oriscus* et même du *strophicus*, pour placer ce groupe, semble-t-il, en correspondance avec les autres groupes ternaires : R.

Les diverses combinaisons de ces moyens harmoniques produiront un accompagnement où l'accent harmonique concordera avec les accents toniques, métriques ou neumatiques du chant. « La perfection sera évidemment de garder l'accent harmonique le plus intensif pour l'accent mélodique principal, c'est-à-dire celui qui porte sur le mot principal de la phrase. De cette façon, l'organiste n'accompagnera plus seulement des notes ou des neumes, mais des phrases et des périodes musicales (2). »

Si l'on ne conteste plus cette vérité : que l'harmonie s'attache à l'ictus mélodique, sa réalisation diffère suivant l'application qui est faite des principes rythmiques.

---

(1) Le dédoublement du *pressus*, considéré comme la « fusion de deux notes en un seul son » (D. Mocquereau, *Le nombre musical grégorien ou Rythmique grégorienne théorique et pratique*, t. I, Tournai, Desclée, 1908) produit une syncope, un trouble dans le rythme (p. 124, 304). Il en est autrement des neumes permettant la répercussion.

(2) Abbé F. Brun, *Traité de l'Accompagnement du Chant grégorien.* Paris, Schola Cantorum, 1909, p. 18, 19.

D'après les formules recueillies, il semble qu'au début les accompagnateurs grégoriens n'aient basé le rythme de l'harmonisation que sur l'accent considéré comme temps fort syllabique ; les frappés d'accords viennent sur la première note des neumes, et, lorsqu'il y a subdivision, sur la première note d'un groupement secondaire. On expliquera de cette manière un certain nombre d'exemples cités ici, provenant d'œuvres antérieures aux études rythmiques ou conçues en dehors de ces travaux.

Ces mêmes accompagnements détaillent l'harmonisation en multipliant les notes de passage et les mouvements mélodiques aux parties accompagnantes et en dédoublant souvent les neumes juxtaposés, y compris le *pressus*. (Voir II partie, Q, R.)

On trouve aussi, suivant immédiatement un accord sur une note isolée ou sur la dernière note d'un groupe, une autre harmonie, qui suppose deux ictus consécutifs.

Les cadences intérieures et les cadences finales formées d'un groupe ou de l'équivalent syllabique d'un groupe, dont l'élément final est tenu comme dépendant d'un ictus initial, sont fréquemment harmonisées au moyen d'un seul accord : AA, 12, *h* ; 15, *a* ; BB, 13, *a* et suivants, *b*, *c* ; CC, 9, *a*, *b*. Cp. AA, 12, *f*, *i*, *j*.

Le rythme établi sur l'arsis et la thésis, distincts de l'accent tonique, qu'on laisse en relief, fait au contraire placer l'accord nouveau ou une seconde position d'accord sur la note de repos final ou sur celle de repos intermédiaire « *mora vocis* ». (AA, 12, *a* et suivants.) La règle de cette forme d'accompagnement a été formulée récemment par D. G. Ould (1), au moyen de cet exemple :

D. Gregory OULD. *Revue grégorienne*. Janvier-février 1913, p. 23.

a) « Donner à la *mora vocis* un accord qui ne soit pas identique à celui qui précède, et le mieux en ce cas est de lui donner une basse nouvelle. » (Voir dans l'exemple ci-dessus : [De-] *i*. [Mun-] *di*. [No-] *bis*.)

« Le rythme ponctue la mélodie par des cadences bien choisies et l'accompagnement ne saurait courir grand risque à suivre le même procédé... Que celui qui joue, comme celui qui chante, se souviennent toutefois que la *mora vocis* est plus douce que la note qui précède. »

b) « Préparer autant que possible la *mora vocis* par le choix d'une

(1) « L'accompagnement rythmique du plain-chant. » *Revue grégorienne*, janvier-février 1913, p. 21-22.

basse capable de porter les deux mesures qui précèdent immédiatement cette *mora vocis.* » (Voir *Agnus De*-i [qui tol] *lis peccata mun*-di.)

c) « L'harmonie obtiendra sûrement une plus grande perfection si l'on fait en sorte que la nouvelle basse assignée à la *mora vocis* puisse porter la mesure qui la suit immédiatement. » (Voir [De] *i qui tollis.* [Mun] *di, miserére.*)

« Objet de ces attentions délicates, quand elle s'approche et quand elle se retire, la *mora vocis* se trouve de la sorte enveloppée dans une atmosphère de calme et de repos. »

Une étude limitée en principe à la question modale peut omettre un plus ample exposé des théories rythmiques, dont les manuels sont du reste à la portée de tous. La documentation harmonique donnée à la suite fera constater que les meilleurs partisans de l'une et l'autre théorie s'accordent dans le choix commun d'excellentes formules. Des deux côtés on recherche la succession équilibrée des accords destinés à chaque groupe et à toute la suite mélodique ; on modalise l'accompagnement pour l'amener à l'unité tonale demandée par la mélodie ; on le réduit à son rôle accessoire, à une teneur simple, qui ne gêne ni ne dépare cette mélodie, et vienne en aide aux chanteurs, et, au besoin, voile discrètement les défauts d'exécution, sans autre prétention que celle de se conformer en tout à l'allure du chant aussi bien qu'aux préférences données pratiquement à des détails rythmiques, lesquels malgré des divergences de systèmes, difficiles à fixer au début, tendent à s'unifier.

Les mêmes principes qui règlent le chant dirigent aussi l'harmonisation. En conséquence, tout accompagnement doit viser à la plus entière concordance rythmique, modale, artistique et liturgique avec la mélodie. C'est, en dehors de toute autre préoccupation, le but des remarques et des constatations qui vont suivre.

La première forme d'accompagnement, dont on vient de voir le mécanisme rythmique, et qui reproduit la mélodie à la partie supérieure, sur deux ou trois lignes d'harmonie, est la plus usitée en même temps que la plus pratique. Elle s'impose lorsqu'il y a lieu de soutenir les voix. Allégée du poids de quatre parties harmoniques obligées, épurée dans sa tonalité, assouplie dans son allure et dégagée des mouvements harmoniques non en rapport avec les mouvements mélodiques, elle est l'appui diatonique et rythmique qui convient à notre chant d'Eglise.

Un second système consiste à traiter la mélodie grégorienne comme un récitatif. L'harmonisation, en dehors de la ligne du chant, souligne par des tenues d'accords l'ensemble de la tonalité, en abandonnant les notes de mélodie, pour constituer « un fond harmonique aussi peu mouvementé que possible » (1).

Cet accompagnement par accords peut s'adapter à un ensemble de

(1) F. Brun, *Traité,* p. 19.

voix peu nombreuses ou à l'exécution légère donnée à certaines mélodies. S'il n'y a pas obligation d'exprimer les ictus mélodiques par des changements d'harmonie, il est nécessaire toutefois de ne pas contrarier le rythme en plaçant les accentuations harmoniques sur les temps faibles, et l'organiste doit faire « l'analyse mélodique afin de découvrir les notes réelles sur lesquelles repose l'harmonisation tonale » (1) en même temps que l'analyse rythmique indiquant les points où doivent se placer ces harmonies.

Par là on suppléera au manque de soutien efficace d'une harmonisation abandonnant la mélodie (2). Moyennant ces conditions, ce procédé intéressant constitue certainement un cadre harmonique très approprié à l'exécution, par des chanteurs exercés, de chants richement neumés ou de vocalises, et aussi, dans des conditions plus ordinaires, pour alterner, dans la psalmodie et les strophes d'Hymnes et de Séquences, avec le précédent mode d'accompagnement.

On citera dans cette forme le graduel *Hæc dies* (Pâques) et la *Messe de Noël* de A. Guilmant, le *Benedictus* du *Sanctus IX* de A. Gastoué, la communion *Lætentur* et le graduel *Tecum principium* du même, l'alleluia *Fac nos innocuam* de A. Lhoumeau, plusieurs pièces des *Cantus mariales* des Bénédictines, le rythme *Corde Paris genitus* (ci-après) de l'abbé F. Brun. Des essais de formules psalmodiques ou hymniques figurent aussi dans ce travail. S. Voir p. 116, 127, 159, 161.

L'accompagnement concertant, par imitation, canon ou contre-chant, ne peut être qu'exceptionnel. Complémentaire, en quelque sorte, de la mélodie, il produit un dessin mélodique ou un dessin rythmique secondaire. Si ce contre-rythme ne gêne pas l'allure du schéma mélodique et n'amène pas le chanteur au martellement, la contre-mélodie imposée à l'oreille en façon de « déchant » troublera le chant principal et prendra une prépondérance qui n'appartient pas à l'accompagnement grégorien. Aussi faut-il dire que ce genre d'accompagnement n'est pas du domaine de l'improvisation (3) et qu'il ne convient pas aux conditions normales de l'exécution.

Ces réserves sur l'opportunité de l'accompagnement concertant laissent tout leur intérêt à des compositions telles que les introïts *Quasi modo* de D. de Séverac (F. Brun, *Traité*, p. 51), *Viri galilæi* de M. de Ranse (*Ibid.*, p. 54), le *Kyrie* « *Rex splendens* » (VII) de l'abbé F. Brun (*Kyriale*, p. 41), l'Alléluia *Ave Maria* du P. A. Lhoumeau (Gastoué, *Traité*, p. 109-110). Voir p. 162.

D'autres pièces, difficilement applicables au chant, prétendraient plus simplement à servir de versets d'orgue (p. 87).

Les auteurs qui déconseillent l'accompagnement concertant ne pro-

---

(1) F. Brun, *Traité*, p. 19.

(2) G. Bas, « La simplicité dans l'accompagnement du Chant grégorien », *Revue grégorienne,* septembre-octobre, novembre-décembre 1911, p. 147.

(3) Cp. F. Brun, *Traité*, p. 20 ; — A Gastoué, *Traité.* p. 109.

hibent pas le procédé d'imitation, lorsqu'il rappelle, surtout dans le mouvement lent de l'accompagnement, la mélodie principale. Voir les citations prises des harmonisations de M. l'abbé F. Brun et G. Bas (T).

Toutes ces formes d'harmonisation sont, à divers titres, acceptables en principe, à la condition de n'être pas jugées indépendamment de la mélodie dont elles sont le cadre, ni des chanteurs qu'elles doivent accompagner. Du simple unisson, de la tenue harmonique de l'accord jusqu'aux procédés d'accompagnement plus compliqués, l'organiste est en mesure de faire un choix varié. Plusieurs modes d'accompagnement peuvent se suivre ou alterner ensemble. Le sens du texte, la signification musicale du morceau, son style (1), sa place dans l'office, le caractère de la fête (2), puis les conditions d'exécution, le besoin de varier des suites de strophes ou de versets, de souligner différemment le chant des solistes et les réponses du chœur ou de la foule, enfin le travail et le goût personnels guideront l'harmonisateur.

III. — Formation des modes.

Le mécanisme de l'accompagnement étant ainsi déterminé par le rythme de la mélodie, il reste à donner à celle-ci l'harmonisation qui lui convient, en prenant les principes de cette harmonisation dans l'analyse de la mélodie elle-même.

On ne conteste plus que la mélodie grégorienne ne réponde point exactement à la conception des deux modes majeur et mineur de la musique moderne. Le Chant grégorien, à l'étroit dans les moules classiques des anciens traités, a bénéficié de ce que, parmi les compositeurs de l'époque récente, les règles d'autrefois avaient dû s'élargir et l'outillage se perfectionner (3).

(1) Le style du morceau comme aussi les conditions d'exécutions modifieront l'harmonisation. « Des mélodies, même syllabiques, d'un caractère musical plus marqué..., demandent une harmonie plus abondante. Par exemple le *Lauda Sion*, à moins qu'il ne soit exécuté par un chœur peu nombreux et dans un mouvement rapide, doit être accompagné d'une manière assez riche. On peut en dire autant de beaucoup de séquences... L'accompagnement reproduit le chant. Cela serait inutile et même excessif lorsque quelques voix seulement se font entendre et en général lorsqu'on désire une certaine légèreté, une certaine élasticité dans l'exécution. » G. Bas, *op. cit.*, p. 116.

« Lorsqu'on accompagne la répétition d'une même phrase, un accroissement discret de l'harmonie, un peu de variété ne sont pas une vaine tentative d'embellir la mélodie, mais compensent au contraire le manque d'intérêt qui serait causé par la reproduction pure et simple d'une phrase harmonique, beaucoup plus pesante que celle d'une phrase mélodique.

« Les mélodies simples ne doivent pas « en général être accompagnées par des accords nombreux », parce qu'elles n'ont pas cette allure musicale claire et logique qui est la première raison d'être d'une harmonisation nourrie. Quel que soit le chœur qui l'exécute, quel que soit le mouvement adopté, même lent, il serait inopportun de l'accompagner avec une riche harmonie : la disproportion entre la maigreur du chant et la richesse de l'accompagnement serait choquante. Cette remarque s'applique, en général, à tous les chants d'un caractère mélodique peu accusé. » *Ibid.*, p. 116, 117.

(2) D. Hervé, « A propos d'accompagnement », *Revue grégorienne*. janvier-février 1912, p. 14.

(3) D. Hervé, *ibid.*, p. 13.

Il ne sera pas sans utilité de présenter, sur une question déjà traitée pratiquement plutôt que mise en théorie, à laquelle les méthodes d'accompagnement donnent un développement restreint, — un ensemble d'observations et de faits destinés à attirer l'attention des harmonisateurs sur la formation modale de la mélodie, consciencieusement approfondie par ailleurs au point de vue rythmique.

Ce chant d'église a retenu de l'art gréco-romain le diatonisme rigoureux tel que nous le représentent les intervalles de notre gamme de *do*, mais avec la faculté de recevoir comme finales mélodiques chacune des sept notes de cette gamme. Il possède par conséquent sept modes principaux, cette première classification s'établissant d'après les finales possibles.

De ces sept modes, deux — ceux d'*ut* et de *fa*, — répondent à notre gamme majeure avec sa note sensible ; deux autres, — *ré* et *la* — à la gamme mineure sans accident, appelée « mineure antique » (1) ; deux — *mi* et *si* — au « mineur inverse » ; lequel n'a pas son équivalent dans le système moderne, encore que cette troisième gamme dérive de la première plus directement que la deuxième (2) ; le dernier, — *sol*, — est une échelle majeure sans note sensible.

Les musicologues du moyen âge ont ramené les pièces du recueil grégorien aux huit modes byzantins, par analogie avec la théorie du chant ecclésiastique des Orientaux, et cette classification subsiste dans nos éditions. Il n'en est pas moins vrai d'une part, que les huit modes ne représentent que sept finales ; de l'autre, les subdivisions modales qui vont être étudiées nous fourniront un plus grand nombre d'échelles secondaires s'éloignant plus ou moins de la classification indiquée. De plus, le système latin réunit dans une même classe des échelles dont les Byzantins font des modes distincts. Ceux-ci à leur tour comprennent dans un même mode plusieurs genres de tonalités différentes. Somme toute, les modes antiques se retrouvent plus aisément dans le chant

---

(1) La musique moderne se fonde sur un mode majeur avec sensible, — *do* — et un mode mineur — *la* — ; encore la gamme de ce dernier subit-elle des flexions mélodiques par corrélation avec le système harmonique du mode majeur. Les autres gammes, transpositions des premières, ne constituent pas des modes distincts.

(2) La tierce descendante du mineur direct se compose d'un demi-ton et d'un ton plein :

celle du mineur inverse d'un ton et d'un demi-ton.

Voir *Tribune de Saint-Gervais*, juin 1897 et juillet 1898 ; — V. d'Indy, *Cours de Composition*, I, ch. VI, p. 100-102 ; — A. Gastoué, *Cours de plain-chant romain grégorien*. Paris, 1908, p. 120, et *Origines du Chant romain*. Paris, Picard (1908), p. 133.

On sait que le répertoire populaire, en Espagne notamment, comprend des airs « finissant sur la tierce de la tonique », c'est-à-dire sur le *mi*, donnant ainsi la finale du mineur inverse.

latin que dans celui de l'Eglise grecque, qui se réclame pourtant à bon droit de l'art hellénique (1).

Que nos anciennes mélodies liturgiques soient des créations chrétiennes, ou qu'elles proviennent des chants païens de la Grèce ou de Rome, on convient que nos modes de chant se rattachent au système musical qui fut en usage jusqu'au vi⁰ siècle. Les échelles modales qui ont donné origine à ces mélodies dérivaient à leur tour du système ancien des Grecs, sans toutefois le reproduire en pratique, non plus qu'en théorie.

Bien que les anciens aient classé les modes suivant des principes différents des nôtres, un exposé semble indispensable pour établir la théorie modale et conséquemment l'harmonisation de ces mélodies.

Chacune des gammes principales était déterminée par une note modale, qui pouvait se présenter soit comme finale, soit comme tierce ou quinte de la note finale.

En d'autres termes, chaque mode principal peut être considéré comme composant un triple système, établi :

a) Sur la note modale elle-même servant de finale, ou si l'on veut, de tonique ;

b) Sur sa médiante (ou, par renversement, sa sixte) ;

c) Sur sa dominante (la quarte en renversement) ; et, la finale jouant ainsi le rôle de dominante par rapport à la fondamentale harmonique, on a dans ce cas une gamme renversée (2).

Cette fondamentale reste le véritable régulateur modal, lors même qu'elle ne reçoit pas la terminaison.

De là cette première constatation : que, dans le chant ancien et dans la mélodie grégorienne, la finale n'est pas toujours la tonique, et que la modalité s'établit au moyen d'autres éléments que l'harmonisation de la note de terminaison.

On verra en effet dans les diagrammes qui suivent, que les notes modales constituées par ce développement de l'échelle au-dessus et au-dessous de la tonique, sont avec celle-ci en relation de quinte et de quarte. Cet intervalle de quarte n'avait pas une moindre importance que celui de quinte. Il figure avec la fondamentale les deux extrémités fixes d'un tétracorde, dont les degrés intermédiaires variables donnent naissance aux diverses cadences mélodiques, soit :

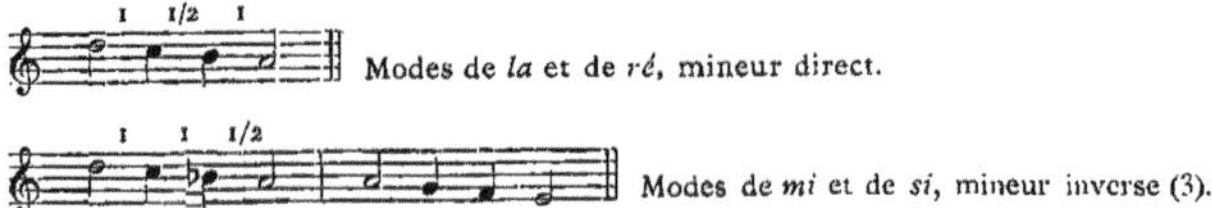

(1) Bourgault-Ducoudray, *Etudes sur la musique ecclésiastique grecque*. Paris, Hachette, 1877, p. 55 ; — Cp. Gevaërt, *La Mélopée antique*, p. 222, note 1 ; — E. Borrel, « Sur un traité moderne de Musique byzantine », *Tribune de Saint-Gervais*, mars 1913, p. 76.

(2) Cp. Bourgault-Ducoudray, *op. cit.*, p. 46.

(3) L'absence de l'avant-dernier degré laisse l'auditeur incertain du mode de certaines formules d'antiennes. Ci-après, p. 57.

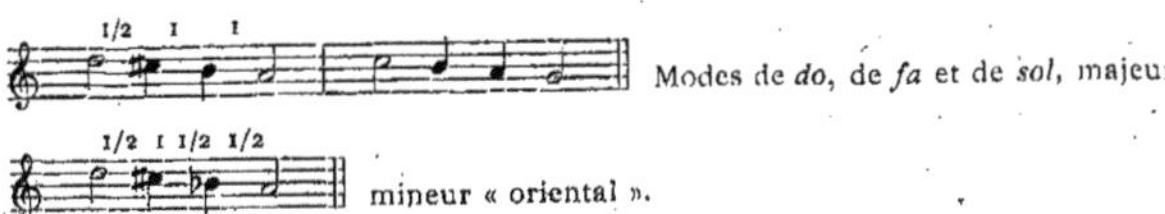

Cette quatrième division du tétracorde, très employée par les Orientaux de tous les rites, fait partie de notre système comme seconde modification de l'échelle mineure descendant du degré supérieur à la dominante.

Au delà des limites de ces tétracordes, les échelles modales présentent de nouvelles différences, dont on expose ici le système. Voir tableau U.

1) La tonique *la*, mèse de l'échelle antique (1) et note modale du système Dorien, donne, avec *mi* pour finale, l'harmonie (2) dorienne proprement dite (3).

2) La même note servant de terminaison mélodique, avec *mi* pour note de coupure, détermine l'échelle hypolydienne.

3) La même fondamentale tonique *la*, avec sa tierce *ut* comme finale mélodique, donne une gamme d'*ut* où cette note reste en relation modale avec cette tonique à l'intervalle de tierce, — sixte par renversement. Ce mode fut peu employé dans l'art grec et ne paraît pas avoir passé dans le système gréco-romain. Voir cependant ci-dessous, 6.

Dans les modes principaux, les plus anciens chants ne dépassaient pas la finale au grave, et beaucoup n'atteignaient pas les degrés élevés de l'heptacorde. Plus tard la mélodie dépassa le parcours normal : tantôt

---

(1) La *mèse*, degré central de l'heptacorde, représentée pour nous conventionnellement par *la*, était en effet placée à l'intervalle de quarte des deux sons extrêmes de l'échelle commune, faite de deux tétracordes.

Les théoriciens l'assimilaient au « soleil, qui est, parmi les sept planètes, au quatrième rang à partir de chaque astre extrême, puisqu'il occupe le point moyen ». C. E. Ruelle, *Manuel harmonique de Nicomaque*. Collection des auteurs grecs relatifs à la musique. Paris, Baur, 1881, p. 15. Cette corde médiane, régulatrice des modes (Aristote, *Problème 33* ; — Ruelle, *Problèmes musicaux d'Aristote*. Collection, IV, Paris, Didot, 1891, p. 20), avait en réalité dans toutes les échelles modales du système grec, une prépondérance mélodique analogue à celle que nous donnons en harmonie au premier degré de notre gamme majeure. La *mèse* (la) *est dans toutes les mélodies*. Gevaërt, *La mélopée antique*, p. 13. Aussi bien, le mode est unique, tout en se manifestant sous des aspects multiples, caractérisés par autant de toniques, de finales, de degrés modaux, en rapport mélodique avec le son générateur.

(2) Ce terme d' « harmonie » désignait alors non la consonance simultanée, mais une suite modale de notes, une échelle mélodique.

(3) En présence des théories assez différentes appliquées à l'harmonisation des modes de *mi*, il est curieux de constater que cette finale dorienne se trouve ici en rapport direct avec les notes modales *ut* et *la*, donnant l'accord

que M. V. d'Indy a judicieusement présenté comme le type du mode mineur et la véritable terminaison du mineur inverse. *Cours de composition*, I, ch. VI, p. 102. Cp. F. Brun, *Traité de l'Accompagnement du chant grégorien*, p. 14, 15, et note (1), p. 14, A. Gastoué, *Traité d'Harmonisation du Chant grégorien sur un plan nouveau*. Lyon, Janin (1910), p. 51.

L'exposé du Système modal syrien (D. G. Jeannin, *Le Chant liturgique syrien*. Journal

le chant descendit de plusieurs degrés au-dessous de la finale, pour revenir, comme dans nos modes plagaux, à cette note de terminaison régulière ; et le mode, ainsi « relâché » ou « détendu », ἀνειμένος, prit une expression plus douce. Ou bien la mélodie s'élève, se tend, s'appelant alors σύντονος, mode « intense » ou « tendu », et opère sa terminaison sur la tierce de la finale primitive (1). Pareillement nous retrouverons, en dehors de la classification théorique, des chants, en moins grand nombre, se terminant sur la quinte de la finale (2).

Sur la tonique *ré* se construisent pareillement trois modes :

4) Une échelle de *ré*, avec *la* pour note modale, sans emploi dans la musique classique, mais reparaissant dans le chant d'église, à Byzance et à Rome, sous une influence que l'on signalera ci-après.

5) Un second mode de *la*, avec *ré* comme note de coupure, qui constituait pour les anciens le mode Locrien, et que l'on retrouverait dans les subdivisions du mode de *la* (ci-après, p. 45) (3).

6) Une échelle de *fa*, où cette finale dépend modalement des degrés de *ré* et de *la*, appelée Syntonolocrien, c'est-à-dire Locrien élevé. En dehors de nos classifications, ce mode pourrait être représenté par certaines pièces grégoriennes d'offices anciens, du VIe ton, où la finale *fa* reçoit le soutien mélodique du *ré* (4).

7) La tonique *sol*, note modale du système Phrygien, produit, avec la finale *ré*, le mode Phrygien proprement dit, qui diffère de l'échelle indiquée ci-dessus (4), par la place de la note de coupure.

8) Cette même note modale de *sol* avec *ré* comme note de coupure et le *sol* grave comme finale, représente le mode Ionien, ou suivant son

asiatique, septembre 1912, p. 305, 334 seqq.) vient pour plusieurs points à l'appui de la présente théorie des modes grégoriens.

(1) La tierce, majeure ou mineure, existait dans la pratique instrumentale des anciens Grecs.

(2) Voir p. 38. — Les schémas suivants, rapportés aux chiffres de la présente nomenclature (p. 90), montrent le procédé de formation des modes « intenses » :

(3) Le mode Locrien, qui avait cessé d'être en usage à l'époque classique, est pourtant mentionné à l'époque romaine. Cp. Gevaërt, *La Musique dans l'Antiquité*, I, p. 158. Bien qu'il ne figure pas dans la nomenclature gréco-romaine, rien ne s'oppose au retour, dans le système grégorien, d'une gamme analogue à une ancienne harmonie disparue.

(4) Voir les communions *In splendoribus* (Noël) et *Pascha nostrum* (Pâques). L'harmonisation donnée intuitivement à cette dernière pièce par C. Bordes, et l'affirmation de la tonalité mineure dans l'accompagnement de la première par G. Bas, se trouvent justifiées par cette antique dérivation modale.

appellation grecque, Iastien, — que les théoriciens considèrent en effet comme un « Phrygien grave » (1). On a confondu les appellations d'Ionien et d'Hypophrygien, primitivement dérivé aigu du Phrygien, et l'on doit aussi distinguer ces modes d'une autre forme d'échelle de *sol* partagée sur la quarte (ci-dessous, p. 62).

9) *Sol*, note tonique, et *ré* note modale, forment, avec la finale *si*, un mode Ionien intense, appelé aussi Hypoïastien, que l'on distinguera du mode Mixolydien, de même finale.

La tonique *fa*, note modale du système Lydien, produit pareillement :

10) Le mode Lydien, ayant *fa* comme note modale, et *ut* pour finale.

11) L'Hypolydien, avec la note modale *fa* pour finale.

12) La forme « intense » du même mode, Hypolydien élevé, avec le degré de *la* pour finale, en relation modale avec les mêmes notes de *fa* et d'*ut*. Cette subdivision modale apparaît dans nos répertoires soit à cette même échelle, soit, en transposition, à celle de chants où la finale *mi* prend *ut* et *sol* comme soutiens mélodiques, soit encore dans des chants du mode de *ré* avec *si* ♭ au grave, indiqués ci-après (2).

Enfin *mi* comme note tonique donne :

13) Un 2ᵉ mode de *mi* ayant la quinte *si* pour note de coupure.

14) Un 2ᵉ mode de *si*, appelé Mixolydien, avec coupure sur la quarte *mi*.

15) Un 2ᵉ mode de *sol* avec *mi* et *si* pour notes modales.

On voit qu'il manque à cet ensemble régulier de quinze échelles antiques les dérivés de la combinaison de quinte diminuée sur la finale *si* (3), et surtout l'échelle qui représente pour nous le fondement de l'art musical, la gamme majeure avec coupure modale sur la quinte : *do-sol-do*. Les anciens lui préféraient une échelle majeure dépourvue de sensible : *sol-ré-sol*, 8, ou l'échelle majeure renversée *sol-ut-sol* (ci-dessus, p. 25) ; ou encore une gamme majeure, *fa*, avec sensible, et coupée à la quinte, où s'introduisait un quatrième degré haussé (*si* ♮) faisant fonction de triton avec la finale et non susceptible de supporter la division modale, 11.

A la suite on dira d'où provient dans le chant ecclésiastique l'introduction de la gamme majeure moderne et aussi d'autres modalités non employées chez les anciens.

En résumé, cette nomenclature nous présente la classification suivante des échelles mélodiques :

Modes mineurs directs :

la-mi-la	2.	Hypodorien. Eolien.	} IIᵉ ton, Iᵉʳ ton (avec *si* ♭).
la-ré-la	5.	Locrien.	
ré-sol-ré	7.	Phrygien.	} Iᵉʳ ton (*si* ♮).
ré-la-ré	4.	—	

---

(1) Cléonide, *Introduction harmonique*, dans Ruelle, Collection des Auteurs grecs, 1884, p. 37.

(2) Voir au point de vue harmonique la communion *In splendoribus* dans F. Brun, *Chants de la Messe*, II, Messe de la nuit de Noël.

(3) A. Gastoué, *Traité d'Harmonisation*, p. 51.

Modes mineurs inverses :

    mi-la-mi 1. Dorien.   IIIe et IVe tons.
    [*si-fa-si*]   IVe ton (*mi-si* ♭).
    mi-si-mi 13.   IIIe ton.
    si-mi-si 14. Myxolydien. IVe ton.

Modes mineurs avec fondement mélodique majeur :

    la-do-fa-la 12. Hypolydien tendu. Ier et IIe tons.
    [*ré-fa-si*♭ -*ré*].
    si-ré-sol-si 9. Ionien tendu.   IVe ton.

Modes majeurs :

    fa-do-fa 11. Hypolydien. VIe ton.
    do-fa-do 10. Lydien.   } Ve ton (VIe en transposition).
    [*do-sol-do*].

Modes majeurs sans sensible :

    sol-ré-sol 8. Ionien. Hypophrygien. VIIe ton.
    [*sol-do-sol*].   VIIIe ton.

Modes majeurs à fondement mélodique mineur :

    do-mi-la-do 3. (Béotien).   } VIe ton.
    fa-la-ré-fa 6. Locrien tendu.
    sol-si-mi-sol 15.

Les théoriciens établissaient d'une autre manière la genèse des modes en accordant différemment un ou plusieurs degrés dans l'étendue de l'octave, pour ramener toutes les échelles à un ambitus moyen.

L'octave commune de *la*, ou échelle moyenne, donnait l'harmonie Dorienne en abaissant d'un degré le deuxième demi-ton ; puis l'octave Mixolydienne en abaissant à son tour le premier demi-ton. En replaçant le second demi-ton à son rang et en élevant le premier, on obtenait l'harmonie Phrygienne. Des transpositions analogues réalisaient les autres échelles modales (1). V.

Le rapprochement indiqué dans ce tableau, des harmonies antiques et des modes du plain-chant ne prétend pas à une identification absolue, et il convient d'indiquer une première réserve, demandée par la confusion des échelles réalisant leur coupure modale sur la quinte, et de celles qui se divisent sur la quarte, avec une finale identique. Les unes et les autres eurent, à l'époque où elles furent en usage, des dénominations différentes. La pratique postérieure aurait laissé aux techniciens les termes d'Hypodorien et d'Hypophrygien (2) et employé comme synonymes de ces appellations celles d'Eolien et d'Iastien (Ionien) (3). Il importe en tous cas de distinguer, fût-ce en dehors des terminologies théoriques, l'une et l'autre espèce de coupure propre à chaque finale, moins parce que ces gammes répondent respectivement à autant de classes modales anciennes, que pour satisfaire aux réalisations harmoniques demandées par ces divisions mélodiques elles-mêmes.

---

(1) On verra dans ce tableau que le mode secondaire (*hypo-*) ne diffère du primitif que par le déplacement de l'un des demi-tons.

(2) Les désignations, dans la nomenclature grecque, d'Hypodorien, Hypophrygien, Hypolydien, ne représentent pas des modes plagaux comme dans les systèmes latin et byzantin. Les dérivés grecs ont les mêmes degrés modaux que le mode principal, mais une finale autre, qui est la quinte ou la quarte de la tonique primitive.

(3) Gevaërt, *La Mélopée antique*, p. 7.

Il s'est produit aussi, déjà dans la musique antique, des associations de modes, par exemple de l'Ionien et de l'Eolien, qui donnent des mélodies pouvant finir sur le *la* aussi bien que sur le *sol*. Le Dorien (*mi*) se mêle à l'Ionien (*sol*), qui est le majeur parallèle. La finale phrygienne (*ré*) permute avec la finale dorienne (*mi*) (1). Ces transpositions partielles de modes (2), fréquentes dans nos répertoires, intéressent l'harmonisation.

On voit déjà comment la modalité est loin d'être un élément secondaire. Une succession de sons ne devient musicalement expressive, indépendamment de l'élément syllabique, qu'à la condition que ses degrés soient liés entre eux par leur subordination à un son principal. Ainsi s'établit la tonalité. Le mode constitue de la sorte l'essence de la mélodie, dont il est le premier principe d'expression, à ce point que les mêmes notes mélodiques n'ont pas la même valeur et donnent une impression autre dans deux modes différents, en vertu du fondement mélodique respectif de chaque mode. Comparez :

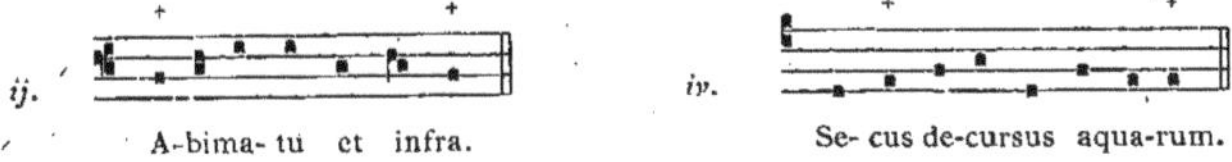

Chaque classe modale et chacune des variétés tonales devra être déterminée à ce point de vue ; et si les nomenclatures anciennes ne sont pas à retenir pour notre usage, il est intéressant de constater la persistance, dans nos recueils actuels, de formules exactes des modes antiques, de leurs variétés, de leurs mélanges, et de plusieurs procédés des musiciens anciens, qu'ils soient passés directement de ceux-ci aux chanteurs d'Eglise, ou qu'en d'autres cas le sentiment musical ait créé à nouveau des mélodies sur des types d'anciennes échelles perdues.

Aussi bien, les compositeurs grégoriens, qui ne pratiquaient pas la polyphonie, dirigèrent tout leur sens musical dans le sens du développement mélodique, qu'ils portèrent à un degré que l'art moderne reconnait sans le reproduire. Si l'étude théorique des modes d'Eglise est de beaucoup postérieure à la pratique du chant, d'autre part les théories des anciens n'ont pas déterminé directement la composition grégorienne, et les assimilations que nous pouvons faire de la mélopée grégorienne et des modes antiques n'ont que le caractère d'un rapprochement, souvent exact, toujours instructif, mais qui cède dans le détail à la constatation de faits précis. (Cp. ci-après, p. 38, 48, 60, 64.)

Il importe encore, pour réduire à leur valeur ces comparaisons, de rappeler que les dérivations, exposées théoriquement, de l'ancien système grec ne furent pas toutes pratiquées à l'époque classique, autant

(1) Les répons du IVe ton ont leur verset conforme à la modalité du Ier ton. On pourra étudier au même point de vue l'invitatoire IV *d*. Cp. p. 39.

(2) Cp. R. P. Jules Borremans, *A propos de l'Alléluia : Christus resurgens*. Tribune de Saint-Gervais, Septembre-Octobre 1913, p. 221. Voir aussi de curieux exemples de modulations chromatiques du chant syrien dans D. Jeannin, *cit.*, p. 353-355 et 358.

du moins qu'il est possible de l'établir. Puis l'art chrétien de la première époque n'eut pas à sa portée l'ensemble modal des Grecs.

Ceux-ci reconnaissaient trois modes primitifs ou fondamentaux, qui étaient les modes Dorien ou mode de *mi*, Phrygien (*ré*) et Lydien (*do*). Or la finale de ces modes fondamentaux n'est pas la tonique modale, mais sa quarte grave, ou par renversement sa quinte haute. Ce fait remarquable provient de ce que les anciens énonçaient les sons de l'échelle musicale en descendant de l'aigu au grave, à l'inverse de notre méthode (1).

A un autre point de vue les Grecs tenaient pour « indigènes » les trois harmonies Dorienne (*mi*), Eolienne (*la*) et Ionienne (*sol*), appelées en effet des noms des trois plus anciens peuples hellènes. Les modes Phrygien, Lydien, Mixolydien (*si*) et Locrien, ce dernier tombé en désuétude, étaient des modes « étrangers » ou « barbares » employés toutefois, aussi bien que les précédents, et avec leurs propres subdivisions modales, soit dans le chant, soit dans le jeu des instruments.

L'art gréco-romain recueillit les restes de la musique ancienne, en donnant la préférence aux modes Dorien, Eolien, et aux trois formes de l'Ionien, et l'Eglise chrétienne modula vraisemblablement ses premières cantilènes sur des airs analogues à ces trois modes, pour accepter l'usage des autres échelles à une époque plus tardive, lorsque, le temps et la distance eurent effacé les caractères profanes attachés à certaines mélodies, à des rythmes (2) et à des modalités déterminés.

Suivant la conception des anciens théoriciens, les rythmes et les mélodies possèdent, comme les divers genres de parole, une éthique particulière, que l'on définissait un « caractère moral ». (Aristote, *Problèmes 27, 29*. Ruelle, *op. cit.*, p. 17-19.) A toutes les époques, du moins jusqu'à la confusion due à une erreur des musicologues du moyen âge, — les appréciations des écrivains anciens concordent entre elles sur le caractère modal des diverses échelles mélodiques. On trouvera ci-après leurs témoignages.

Par contre ces mêmes auteurs ne s'accordent pas sur les subdivisions de la nomenclature modale, et leurs classements sont trop divergents pour qu'il y ait avantage à les suivre pratiquement, d'autant que les chants que nous avons à harmoniser s'éloignent des types anciens. Dès lors qu'il ne s'agit pas ici de reconstitution mais bien de mise en œuvre

---

(1) Sur l'instrument les cordes hautes étaient placées en bas et tout près de l'exécutant ; réciproquement les degrés graves, « hypates », en haut et à distance. Indépendamment de cette raison matérielle, les théoriciens exposaient que le chant conduisant de l'aigu à la mèse et de celle-ci à la finale grave est « plus mélodieux ». Ce fait est « l'expérience quotidienne des musiciens ». Procéder de l'aigu au grave, c'est « commencer par le commencement ». Aristote, *Problème 33* ; — Ruelle, *op. cit.*, p. 20. Cp. Gevaërt, *Histoire de la musique dans l'antiquité*, 1, p. 261. La gamme type des anciens était l'échelle mineure de *la* (p. 29). Or la tonalité mineure se constitue par une succession harmonique *descendante*. V. d'Indy, *Cours de Composition*, I, ch. VI, p. 101-102.

(2) L'ionique mineur, ◡◡——◡◡——, qui rythme aujourd'hui un cantique vulgaire, est un des mètres païens que l'hymnographie chrétienne ne pouvait recevoir. (Gevaërt, *loc. cit.*)

de matériaux déterminés, on établira, sans rejeter l'aide de la théorie ancienne exposée ci-dessus, les tonalités grégoriennes d'après les éléments résultant directement de la mélodie elle-même.

Quoi qu'il en soit, on retrouvera aisément dans notre nomenclature les huit modes de notre Antiphonaire (1) et les quatorze modes des théoriciens. Il importe cependant d'observer que les mélodies de l'ancien fond grégorien sur lesquelles s'établissent nos classifications modales sont antérieures à l'introduction à Rome de l' « Octoéchos » et des quatre tons authentiques et quatre tons plagaux. On considérera surtout que les érudits du moyen âge (2) en adoptant cette nomenclature des Grecs, ne prirent pas garde au fait que les anciens avaient procédé en descendant, du degré élevé au grave, ainsi qu'ils énonçaient leurs gammes ; et que placer inversement le premier mode au bas de l'échelle, c'était énumérer à rebours tout le reste de la série, comme le montre le tableau suivant :

Octaves gréco-latines.	Finales.	Modes byzantins.	Modes latins.	Nomenclature du moyen âge.	Erreur.	Recti- fication.
Hypodorien : *la-mi-la.* (Transp.: *ré-la-ré*). Éolien.	LA	Ier authentique et Ier plagal.	Ier plagal. IIe ton.	*Hypodorien.*		LA
Hypophrygien. Ionien : *sol-ré-sol.*	SOL IVe c (IIe).		IVe pl. VIIIe — IVe auth. VIIe —	*(Mixolydien sol).*	SI	
Hypolydien.	FA	IIIe et IIIe pl. *a.*	IIIe pl. VIe —	*(Lydien fa).*	UT	
Dorien.	MI	IVe, *b.*	IIe auth. IIIe —	*(Phrygien mi).*	RÉ	
Phrygien.	RÉ	IVe, *a* et Ier pl. *b.*	Ier auth. Ier —	*(Dorien ré).*	MI	
Lydien.	UT	IVe pl. et IIIe pl. *a.*	IIIe auth. V^e —	*(Hypolydien ut).*	FA	
Mixolydien.	SI	IIIe pl. *b.* [IIe pl. manque.]	IIe pl. IVe —	*(Hypophrygien si).*	SOL	

(1) Des indications de cette espèce étaient indispensables dans un livre destiné à l'usage pratique. La réforme grégoriennene retint toutefois que la mention des huit modes, abandonnant le reste d'une théorie jugée inutile, sinon défectueuse. En outre, comme la note dominante n'est de rigueur que pour la psalmodie, le guidon placé en armature dans l'édition du premier graduel (*Liber Gradualis a S. Gregorio Magno olim ordinatus, postea Summorum Pontificum auctoritate recognitus ac plurimum auctus, cum notis musicis ad majorum tramites et codicum fidem figuratis ac restitutis, in usum Congregationis Benedictinae Galliarum, Praesidis ejusdem jussu editus.* Tournai, Desclée [mai] 1883), ne fut pas maintenu dans les impressions qui suivirent immédiatement ce livre (*Preces quotidianae in singulis Monasteriis tempore Capituli generalis faciendae.* Solesmes, A. Schmitt, Juillet 1883. *Cantus in honorem SS. Sacramenti et B. Mariae Virginis.* Août 1883. *Antiennes pour les Mystères du Rosaire.* Octobre 1883. *Séquence antique pour le temps de Noël. Hymnes de Noël.* Décembre 1883. *Cantus communes Officii et Missae.* Juin 1884), non plus que dans les livres choraux qui nous amenèrent à l'Edition Vaticane. Voir D. J. Pothier, *Les Mélodies grégoriennes d'après la tradition.* Tournai, 1880, p. 257.

(2) Remy d'Auxerre, Hucbald de Saint-Amand et d'autres auteurs aux ixe et xe siècles. Mais Cassiodore, au ve, se servait encore des termes de *Dorien, Éolien, Ionien.* On devra consulter sur cette question F.-A. Gevaërt, *La Mélopée antique,* p. 26, 100 et suivantes. — A. Gastoué, *Traité d'Harmonisation,* p. 43-63.

On notera aussi que l'erreur provenant du renversement de l'échelle est due originairement aux Byzantins eux-mêmes. Cp. E. Borrel, « Sur un traité moderne de musique byzantine (Misailidis) », *Tribune de Saint-Gervais,* mars 1913, p. 77-78.

Ces attributions fautives ont subsisté dans des manuels de plain-chant ainsi que dans les traités d'harmonie. Pour éviter la confusion qu'elles produiraient en matière de musique antique, il conviendrait de désigner les modes par leur finale et leurs notes modales. L'erreur de nomenclature aurait été d'ailleurs sans importance si, en même temps, on n'avait faussement transporté aux modes du plain-chant les caractéristiques tonales attribuées par les Grecs à leurs véritables modes, et si d'autre part elle ne mettait l'énumération ecclésiastique des modes en désaccord avec l'enseignement des musicologues autorisés.

IV. — Modalité de l'harmonisation.

Quoi qu'il en soit de l'application de cette théorie, il reste certain que l'harmonisation répondant à chaque mode doit être conçue selon l'échelle propre de ce mode. L'introduction d'éléments harmoniques pris d'une tonalité différente altérerait le caractère tonal de la mélodie que cette harmonie est destinée à soutenir. Ce contresens musical était déjà souligné par D. Jelensperger :

« Avec cet accompagnement (où l'on emploierait toutes les notes de notre échelle chromatique), il n'y a que la partie de chant qui est dans le mode (ancien), tandis que les autres parties sont en modes modernes (1). »

Lors du rétablissement de la liturgie en France, Niedermeyer formula définitivement cette règle fondamentale de la « nécessité de l'emploi exclusif des notes de l'échelle » : « L'harmonie n'étant que le résultat de quatre mélodies simultanées, les trois mélodies accompagnantes ajoutées à la mélodie principale, loin de rendre plus confuse la perception du mode, devaient, au contraire, contribuer pour leur part à la mettre en lumière, puisque chacune de ces mélodies justifie de son côté les mêmes lois (2). »

Par suite, la suppression s'imposait de plusieurs éléments harmoniques incompatibles avec le système des tonalités de plain-chant, entre autres du *do* ♯ dans l'harmonisation du mode de *ré*, et du *fa* ♯, dans le mode de *sol*.

Avec la même logique, Niedermeyer indiquait « l'emploi fréquent dans chaque mode des accords déterminés par les notes qui donnent leur forme aux modes » et que l'on convient d'appeler « notes modales ». Ainsi, dans les formules du mode de *ré*, les accords de *ré* mineur et *la* mineur doivent revenir fréquemment. Par contre, le même accord de *ré* mineur ne doit pas dominer dans le mode de *fa*, dont le caractère est la modalité majeure.

Enfin « chaque mode a des formules de modulation et de terminaison

(1) *L'Harmonie au commencement du XIXe siècle.* Paris (1830), Richault, p. 142.
(2) L. Niedermeyer et J. d'Ortigue, *Traité théorique et pratique de l'accompagnement du plain-chant.* Nouvelle édition. Paris (1857), p. 15, 16. Partie pratique par E. Gigout (1878).

qui lui sont propres et dérivent de la constitution même de son échelle » ; et l'ensemble mélodique demande à être harmonisé de manière à conserver « l'unité de couleur », afin que l'impression modale soit rendue perceptible à l'oreille au moyen d'un cadre harmonique conforme à la mélodie et ressortant de la nature même de celle-ci (1).

Ces conditions harmoniques ont d'ailleurs un autre avantage immédiat. En donnant à l'oreille l'impression nette du mode, cet accompagnement maintient les chanteurs dans la tonalité où évolue la ligne mélodique. Le diatonisme de la mélodie n'est efficacement garanti que par celui de l'accompagnement, et les chanteurs sont en droit d'exiger de l'accompagnateur une harmonisation dont la composition sauvegarde la tonalité de la mélodie.

L'application de ces principes a rendu au chant d'église son caractère de noblesse et de gravité, et il faut reconnaître ce que les harmonistes grégoriens doivent à une théorie dont ils prennent les principes en les élargissant.

Le plus « modal » des harmonisateurs actuels démontre pareillement que les accords employés doivent avoir pour but principal d'exprimer par des sons réels la conception harmonique que l'esprit crée à l'audition de la mélodie pure. Autrement l'accompagnement introduirait des éléments nouveaux, étrangers à la mélodie, qui en changeraient la signification musicale. Il doit au contraire réduire les moyens fournis par l'harmonie moderne et en limiter le mécanisme (2).

De son côté, l'école belge, après Lemmens, appliquait au Chant grégorien le même système du diatonisme et se trouvait toute préparée pour donner, dès 1895, des accompagnements conformes à la modalité. On consultera très utilement, dans les exemples qui vont suivre, les formules empruntées à E. Tinel, Busschaërt, L. Van Damme, A. Desmet, E. de Groote, Gevaërt et d'autres.

Le Dr P. Wagner commençait ensuite son importante collection d'accompagnements, que suivait le D^r. X. Mathias ; Dom Delpech éditait le *Livre d'Orgue*, auquel succèdent les harmonisations de M. G. Bas.

Puis, la *Schola Cantorum*, initiée par M. l'abbé Perruchot et le R. P. Lhoumeau, au Chant grégorien, lui donnait place dans ses programmes et son enseignement, et faisait paraître en 1889 un premier recueil d'accompagnements signés des noms de V. d'Indy, A. Guilmant, F. de la Tombelle et Ch. Bordes (3), qui révélaient une remarquable compréhension de l'art grégorien et traçaient une voie que d'excellents disciples tiennent à honneur de suivre. On trouvera ci-après les formules et les exemples dus à P. Chassang, E. Brune, A. Gastoué, M. Orban, D. de Séverac, M. de Ranse, l'abbé F. Brun, L. Thirion et J. Gogniat.

---

(1) L. Niedermeyer et J. d'Ortigue, *loc. cit.*, p. 35, 40.

(2) G. Bas, « La simplicité dans l'accompagnement du Chant grégorien », *Revue grégorienne*, septembre-octobre 1911, p. 110.

(3) *Melodiae paschales*. Le chant populaire à l'Eglise. Collection de la *Schola Cantorum* ; — A. Guilmant, *Melodiae natales*, dans la même collection.

Dès lors que les échelles des modes anciens n'admettent pas d'altérations mélodiques autres que celle du septième degré dans les conditions particulières que l'on indiquera, il suit que tous ces modes possèdent une tonalité stable, en même temps qu'ils diffèrent l'un de l'autre : 1° par la place de chaque intervalle relativement à la finale ou à la tonique de chaque mode ; 2° par la position dans l'échelle des degrés tonals, qui diffèrent non seulement pour chaque mode, mais encore pour les variétés de plusieurs de ces modes. Ces degrés spéciaux établissent les modalités. En d'autres termes, si ces échelles ne sont formées que « des notes de la gamme de *do* finissant sur le *ré*, le *mi*, etc. », leurs réalisations mélodiques les distinguent cependant toutes entre elles.

Cette stabilité tonale bannit logiquement de l'accompagnement les surprises de modulations musicales qui sortiraient du cadre modal (1). En un mot, le chant, simple et grave, reste à distance des extrêmes et s'interdit le contraste de nuances d'expression passionnée, les excès de lenteur aussi bien que les allures trop rapides. Son accompagnement doit adopter la même forme et se contenir dans un rôle accessoire et discret, tel un encadrement, dont l'importance n'est que secondaire à côté de l'objet présenté.

La règle fondamentale de « l'emploi exclusif des notes de l'échelle » justifie l'usage de notes étrangères à l'accord et de dissonances déterminées, dans toute la mesure où ces éléments réaliseront l'accompagnement par groupes de notes, et autant que ces combinaisons ne détruiront ni les modalités particulières, ni le caractère général des mélodies.

Dans ces conditions, l'accord de septième de dominante qui est, en

(1) Si, par conséquence de la genèse des sons, la tonalité mineure appelle secondairement l'harmonie majeure correspondante, la réciproque n'est pas toujours vraie. On s'en convaincra en présentant, — par hypothèse, — sous des mélodies appartenant sans conteste au mode majeur, un accompagnement où l'élément mineur aurait la prépondérance :

Les ressources harmoniques du mode majeur sont assez grandes pour qu'il n'y ait pas à recourir, sous prétexte de variété, à une sorte de contresens, pénible à l'oreille. En d'autres cas l'harmonie mineure se justifiera, mais exceptionnellement et à la condition de rentrer dans la tonalité majeure.

vertu de son attraction résolutive, un moyen puissant de tonalité dans la musique moderne, sera écarté des enchaînements d'accords rappelant les procédés faciles dont on a abusé pour donner aux tonalités antiques une expression trop moderne. Par contre, il n'a pas ce caractère au courant de la phrase, lorsque la disposition des parties ou sa place sur les notes de rythme le privent de sa fonction de cadence, ou que certaines constitutions mélodiques fournissent les éléments de cette dissonance :

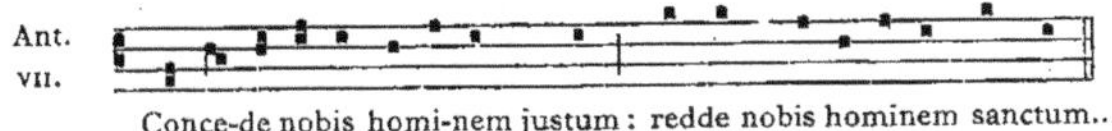

On citera quelques formules où cet accord est employé avec élégance : W, 1.

Les autres « septièmes secondaires » étant pourvues d'autres caractéristiques n'enlèvent au chant rien de sa force. La mélodie les appelle, aussi bien que les combinaisons harmoniques renfermant la neuvième majeure ou mineure, le triton et la quinte diminuée :

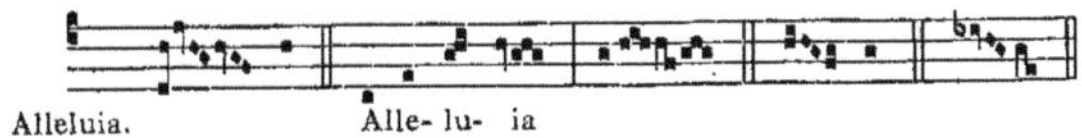

L'aspect harmonique que donne aux accords simples l'adjonction d'une troisième tierce n'est pas une altération. La dissonance résulte d'un mouvement mélodique précis et justifié par la cadence — finale ou intermédiaire, — qui détermine la tonalité (1). Par suite, et en vertu de la règle de l'emploi exclusif, dans l'harmonisation, des notes de la mélodie, on accepte harmoniquement ces degrés dès lors que les intervalles qui les constituent se trouvent dans la succession mélodique, à laquelle ils donnent, comme éléments intégrants, sa couleur propre, avec un caractère de vigueur que l'altération du bémol leur enlevait dans les éditions antérieures. L'effet de ces accords secondaires « sera d'autant meilleur qu'on ne les aura pas employés à tout propos et sans discernement». Ce sont en effet « les accords parfaits majeurs et mineurs qui doivent faire le fond de l'harmonie de l'accompagnement. Ils sont... les plus propres à conserver au chant grégorien son calme liturgique » (2).

Enfin on pourra donner à la cadence harmonique, suivant le procédé employé dans les anciennes compositions polyphoniques, un accord sans tierce, dont l'imprécision convient à la teneur de certaines formules grégoriennes. W. 3.

Conçue d'après ces principes, l'harmonisation n'est pas l'adaptation exclusive d'un système tonal que les Anciens n'ont pas destiné à la poly-

(1) V. d'Indy, *Cours de composition*, l. I, ch. vii, p. 112, 113, 116.
(2) F. Brun, *Traité*, p. 12.

phonie ; c'est, au contraire, en tenant compte des différences de tempéra-
ment, de pays, d'école, une forme d'harmonie appropriant une partie des
ressources de l'art moderne à la monodie antique, au moyen d'un soutien harmonique qui mette musicalement en valeur sa tonalité et son
rythme, reproduise lui-même l'impression que donne l'audition de
la mélodie isolée, et se limite dans son mécanisme pour n'introduire
aucun élément mélodique en dehors de ceux qui appartiennent en propre
au chant, sans dénaturer celui-ci par des tonalités étrangères, ni l'alourdir
par des procédés que l'on n'oserait appliquer à aucune mélodie moderne (1). On ne s'étonnera pas de la disparité des exemples donnés à
la suite, de procédés harmoniques très divers, relevés d'ailleurs dans les
accompagnements publiés, pour figurer dans le présent ouvrage, qui est
avant tout un travail de constatation.

Ces règles ne sont pas d'une application difficile pour quiconque possède les notions nécessaires d'harmonie et s'est familiarisé d'autre part
avec la modalité et le rythme de la mélodie qu'il doit accompagner. Le
procédé consiste essentiellement dans la « compréhension large et élevée
du chant », la « claire vision de la mélodie », dont on recherchera la
modalité fondamentale au moyen des « bonnes notes » du mode. On
établira ensuite chaque formule à l'aide des cadences finale et intermédiaires, réglées sur la note de terminaison ou de *mora vocis* ; on harmonisera les notes mélodiques principales, ou « notes prépondérantes »,
en relation avec les degrés accessoires qui en dépendent et ne règlent
pas directement l'accompagnement (2).

Il reste à présenter pratiquement des formules d'accompagnement et
des exemples d'harmonisation applicables à chaque mode. Auparavant,
on devra remarquer que certaines mélodies se tiennent en dehors de
classifications absolues. Les unes ne contiennent pas tous les degrés
caractéristiques d'une échelle définie. Ainsi les introïts : II. *Dominus
dixit ad me*, de la première messe de Noël, IV. *Resurrexi*, de Pâques,
le répons bref pascal et nombre d'autres pièces, des antiennes, principalement, n'atteignent pas le degré de *si* et peuvent être en conséquence
attribuées respectivement aux modes de *ré* et *la*, *mi* et *si*, *fa* et *ut*, *sol*
et *fa*. L'analogie avec d'autres pièces permettra souvent d'identifier la
tonalité de celles-là et de rapporter, par exemple, la première au mode
de *la*, la seconde au mode de *mi*. On considérera de même l'introït
VI. *Requiem* et le *Kyrie* qui le suit comme étant du mode d'*ut*, par
comparaison avec l'antienne *Adorna*. (Ci-après, p. 59.)

D'autres pièces évitent ce degré de *si* : Séquence I. *Victimae paschali* ;
antienne I. *Pueri Hebraeorum* ; hymne IV. *Jesu nostra redemptio (Sa-*

---

(1) E. Tinel, « Discours sur la Musique figurée à l'Eglise ». Voir *Tribune de Saint-
Gervais*, février 1913.

(2) Cp. G. Bas, « La simplicité dans l'accompagnement du Chant grégorien », *Revue
grégorienne*, novembre-décembre 1911, p. 150.

lutis humanae sator) ; communion I. *Dominus dabit* (premier dimanche d'Avent) ; *Kyrie* I. « Alme Pater » (X). D'autres présentent un ambitus restreint, commun à deux échelles modales très différentes ; telles sont ces formules d'hymnes:

ou le type d'alléluia : VIII. *Crastina die* ou *Benedictus es*, qui sont en réalité du mode de *sol*, encore que le degré caractéristique de *fa* au-dessus de la finale ne soit ici que supposé, d'après d'autres pièces.

Les récitatifs, d'une étendue plus restreinte, peuvent n'entrer dans aucun mode déterminé. Les cadences de tierce, quarte ou quinte

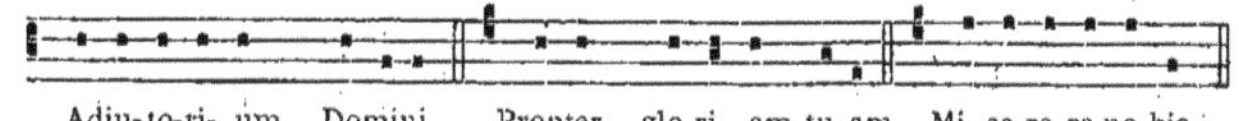

s'harmonisent simplement sans recherche de modulation. Si le récitatif se prolonge, on peut introduire les relatifs les plus proches de la tonalité première en revenant promptement à celle-ci. X.

La Préface évolue sur les deux cordes de *la*, aux formules dialoguées du début, et d'*ut* pour le chant. Le *Sanctus XVIII*, qui suit toniquement la Préface, se chante sur la corde intermédiaire *si ;* le *Pater* sur cette dernière et celle de *la*. L'*Agnus XVIII* reprend la corde de récitation de *la*.

La psalmodie du *Te Deum* solennel est pareillement le *la*, mais le ton simple (ton romain) prend *ut* comme seconde dominante.

Les litanies au samedi-saint et aux Rogations ont successivement comme dominantes *la*, *ut* et *ré*. Et de même que l'on constate dans les formes de chant les plus antiques cette élévation du degré de récitation ou de dominante, on trouve pareillement certaines mélodies plus développées qui abandonnent la finale de leur mode pour se terminer sur la tierce ou la quinte de celle-ci, établissant ainsi des subdivisions modales dont l'harmonisation restera néanmoins en relation avec la fondamentale du mode primitif. On en verra des exemples ci-après sous les modes de *ré, la, mi, sol, ut, fa*.

En outre la bémolisation accidentelle du septième degré, effectuée par suite de sa relation mélodique avec *fa* (1), amène dans les modes de *ré, mi, fa, sol*, des formules appartenant respectivement par transposition

---

(1) Les deux intervalles ♭ et ♮ n'étant jamais employés consécutivement dans la mélodie, les parties accompagnantes ne doivent pas les joindre par modulation harmonique. A plus forte raison, on ne s'autorisera pas, comme l'indiquent encore des publications récentes, de cet usage mélodique du degré mobile pour altérer par d'autres accidents le diatonisme de l'accompagnement.

aux modes de *la*, *si*, *ut* et *ré*. Les pièces mixtes de ce genre sont nombreuses, encore qu'il subsiste des exemples de chants construits sur les degrés des premières gammes non altérées. Ce mélange des tonalités par deux permet de ramener pratiquement les modes à quatre finales.

On notera enfin que des pièces d'un mode déterminé contiennent parfois des formules ou des cadences d'un autre mode.

Le répons *Dum duceretur Petrus Apostolus* d'origine gallicane, introduit ainsi des cadences authentiques du VIIIᵉ mode (*sol-ut*) dans les formules du Vᵉ (*ut-sol*) (1).

Le répons *O beate Johannes* (2) appartient par sa première partie au mode de *la* (IIᵉ) ; atteignant le degré de *fa*, puis celui de *sol*, il entre dans la modalité du VIIᵉ ton, qu'il développe sur les plus hautes notes, et le verset se module sur la formule commune de ce ton. Dans l'*Agnus* XVI des féries de l'année, on observera le mélange franc des Iᵉʳ et IVᵉ modes. (Voir p. 3o.)

Le graduel VII. *Benedicam*, du douzième dimanche après la Pentecôte, du mode de *sol*, opère la terminaison de sa première partie sur la cadence du mode de *la*. Le verset qui suit rentre dans le mode de *sol*.

L'harmonisation suivra ces modulations de la mélodie.

Pour faciliter l'étude des formules qui vont suivre, on donne l'accord parfait formé sur chacun des degrés de la gamme (3) :

On trouvera par suite que la note *do* dans la mélodie peut s'harmoniser par les accords des Iᵉʳ, 4ᵉ, 6ᵉ degrés où elle est comprise sans dissonance ; la note *ré* par ceux des 2ᵉ, 5ᵉ et 7ᵉ, etc.

Ces accords peuvent prendre plusieurs positions sur une même basse ou se placer en renversement, soit pour présenter une meilleure sonorité, soit pour s'enchaîner régulièrement et harmonieusement avec les accords voisins :

(1) *Variae Preces*, 3ᵉ édition, 1892, p. 174.
(2) *Ibid.*, p. 201.
(2) Ces formules sont prises du *Traité d'Harmonisation du Chant grégorien sur un plan nouveau*, par A. Gastoué, Lyon, 1910, p. 15. Pour le développement de toute cette partie, on renvoie le lecteur à ce même ouvrage, en même temps qu'au *Traité de l'accompagnement du Chant grégorien*, par F. Brun, Paris 1909. Le *Traité de l'accompagnement du Plain-Chant*, par l'abbé L. Lepage (IIᵉ partie). Rennes, 1900, est indiqué à l'harmoniste qui veut étudier avec méthode et clarté.

L'écriture en position large (*a, b, c*) donne une harmonie plus pleine et soutient mieux le chant. La disposition de deux notes à chaque main laisse plus de liberté à la main droite pour suivre la mélodie et obtenir un jeu lié. L'accompagnement à trois parties allège l'harmonie. Parfois aussi on jouera à deux parties ; souvent enfin l'unisson sera excellent, soit pour laisser plus de relief aux accords qui suivront, soit pour aider les chantres..., soit enfin pour éviter de donner de l'importance à des syllabes ou à des mots non accentués (1).

Bien que les accords de l'échelle appartiennent ensemble à toutes les tonalités, cependant les successions entre ces degrés harmoniques ne sont pas toutes également bonnes.

En effet, si l'accord isolé porte, comme tout mot dans une phrase, sa signification particulière, il ne l'utilise véritablement que par sa relation avec les autres accords (2), et les successions ainsi formées ne sont acceptables que si elles présentent un sens harmonique déterminé, et que l'impression produite rapporte l'accord à telle modalité, en vertu de l'éducation donnée à l'oreille et des habitudes acquises.

Mais celles-ci, dépendant de la fréquence des impressions qu'a reçues le sens auditif, diffèrent suivant les circonstances et sont même sujettes au changement, ce qui oblige à ne pas tenir certaines règles comme infaillibles, et permet d'accepter la modification de théories acceptées.

Voici cependant l'exposé de quelques faits dont chacun étendra l'observation à son profit.

Soit la note *si* présentée isolément. L'adjonction du *sol* fera aussitôt perdre à la première sa valeur *absolue* et lui attribuera, en valeur *dérivée*, la fonction de tierce, étant donnée la prédominance mélodique et harmonique de cet intervalle :

Mais l'addition de *mi* fait entendre comme quinte d'un accord mineur la note que nous avions acceptée d'abord comme fondamentale possible, puis comme tierce :

(1) F. Brun, p. 11, 12. Cp. A. Gastoué, p. 15 ; — A. Lhoumeau, *Tribune de Saint-Gervais*, juillet 1897, p. 103.

(2) « Ce sont les phrases et non des mots isolés qui constituent une langue. » E. Privat (1911).

« Les accords... ne constituent pas un *but*... Ce sont des *moyens* harmoniques, artificiels le plus souvent. » V. d'Indy, *Cours de composition*, l. I, ch. VI, p. 33.

Soit encore *mi* suivi de *la* à la quarte supérieure :

Cet intervalle donnera en renversement un mouvement de cadence dont la modalité sera exactement définie par l'établissement des degrés manquants fournis par le contexte mélodique :

I et II⁰ modes :

IIIᵉ et IVᵉ modes :

Vᵉ et VIᵉ modes :

(Ci-dessus, p. 25, 26.)

En d'autres termes, un son isolé, « c'est-à-dire en état d'immobilité, n'acquiert sa *valeur* musicale que par l'effet d'une *comparaison*, d'une mise en rapport avec ce qui le suit ou le précède, c'est-à-dire lorsqu'il est en mouvement ». Il faut un point de repère, qui est la tonique (1), le degré auquel se rapportent les sons constitutifs de la mélodie (2). Facilement appréciable dans les successions simples, ce terme de comparaison mélodique est plus subtil si les éléments de deux émissions successives n'ont pas entre eux de relation tonale prochaine. L'oreille doit alors attendre une série plus développée pour déterminer la fonction de la première note.

Par exemple, *fa* suivi de *sol* ne formant pas une combinaison conso nante, il faut une suite de notes pour classer la première, telle que :

dans la tonalité de *fa* ;

dans son relatif mineur;

en *si* ♭ ou *sol* mineur.

Si la succession de notes est insuffisante ou qu'elle manque, la note isolée est attribuée par l'oreille à la cadence mélodique la plus proche

(1) V. d'Indy, *Cours de composition*, l. I, ch. vii, p. 107, 108.
(2) *Ibid.*, ch. ii, p. 40.

des degrés de la combinaison harmonique énoncée, même si cette note ne lui appartient pas. *Mi* suivi de *ré-fa* amène la cadence de *ré* mineur et est considéré comme le deuxième degré de cette échelle :

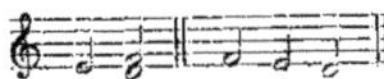

Suivie de *sol-si*

la même note devient fondamentale mineure.

Inversement, une note ou un accord faisant suite à une harmonie fait l'effet d'appartenir à l'harmonie qui précède, si celle-ci peut en recevoir les éléments. Par exemple la note *sol* ou la note *la* suivant l'émission *mi-do* entrent dans l'accord, la première comme quinte de la fondamentale de *do* majeur, la seconde comme tonique mineure en renversement :

. Le groupe *la-do* donne l'impression de *la* mineur. Suivi de *fa*, il change de tonalité et devient pour l'oreille l'accord de *fa* majeur.

Si l'élément harmonique ainsi ajouté à un accord ne peut en faire partie, l'oreille rapporte cette suite à la succession la plus proche harmoniquement.

L'accord de *fa* qui s'enchaînerait normalement à celui de la quinte supérieure *do* ou de la seconde supérieure de la fondamentale, perd sa tonalité s'il reçoit par exemple l'addition de la tierce grave de sa basse, et devient accord de septième de deuxième degré, pouvant se résoudre à la quinte de cette fondamentale nouvelle.

On trouvera plus loin ce procédé employé pour adoucir les enchaînements d'accords sans notes communes.

D'autres conditions interviennent aussi pour changer la tonalité d'un accord. Ce sont :

a) Les notes accidentelles devenant notes principales, page 13.

b) L'emploi de l'accord en renversement, qui diminue la précision tonale de la position fondamentale et permet des successions plus adoucies d'accords sans degrés communs. Y, u.

L'accord de sixte est moins apparent lorsqu'il provient d'un échange de parties : *q, v ;* ou s'il suit une succession harmonique régulière sur degrés conjoints : *i, n ;* ou s'il fonctionne sur une pédale intérieure : *k, m, s, t ;* mais on l'attaque souvent au début d'une phrase : *a, g, l, v, m',* exemple où cet emploi d'accord relève la tonalité. Il vient bien en cadence intermédiaire ; *c, f, h, i, j, n, o ;* ou encore il amène cette cadence et aussi la cadence finale : *e, r.* On notera l'élégance des mouvements accompagnants : *d, k* et la position *p, s,* fréquente dans les harmonisations de M. G. Bas (Cp. *O, f'*).

c) L'ensemble de la phrase mélodique, dont la signification harmonique se base souvent sur une seule note principale entendue seulement à la fin de la formule.

Par exemple, dans les deux combinaisons qui suivent, on reconnaîtra aisément que l'une ou l'autre finale suffit à faire attribuer une même harmonie à deux tonalités différentes :

De cet ensemble de faits il résulte :

1° Que la note initiale ou le groupe de début d'une mélodie demande de préférence un accord tonal, ou du moins une harmonie en relation directe avec cette tonalité fondamentale et se résolvant sur celle-ci : Z ;

2° Que la cadence finale s'harmonise sur l'accord fondamental du ton ;

3° Que les cadences intermédiaires et les groupes principaux formant l'ensemble de la mélodie ne devront s'éloigner que temporairement de cette harmonie et à la condition de ne point sortir de la tonalité générale.

En effet, le caractère modal, essentiel à un chant purement mélodique et franchement diatonique, réside partiellement dans la *finale,* qui est la fondamentale harmonique elle-même, ou bien sa tierce ou sa quinte ; puis dans les *notes modales,* dont le groupement diffère suivant les divers types des modes ; les *notes de teneur* ou dominantes de plain-chant (1), et les *degrés de cadences intermédiaires,* variables dans beaucoup de pièces, ainsi que le montrera l'analyse des formules modales propres à chacune des séries.

---

(1) La dominante de psalmodie est attribuée à un degré fixe pour chaque ton. La dominante modale varie pour une même finale tonique, suivant les diverses catégories d'échelles. Plusieurs pièces, comme on l'a dit, changent de dominante.

V. — Application pratique de l'harmonie modale.

A. — MODES MINEURS.

I. Modes de *ré* et de *la*. Mineur direct.

1. LA : *a) Mode Hypodorien et mode Eolien.*
   b) Mode Hypolydien intense.
2. RÉ : *a) Mode Phrygien.*
   b) Mode Peregrinus.

PREMIER TON (Premier authente) du plain-chant et DEUXIÈME TON (Premier plagal).

1) La gamme de *la* représente l'octave commune des anciens, la première de leurs échelles modales, dont la finale est celle des modes Hypodorien et Eolien. On attribuait au mode Hypodorien un caractère majestueux et posé, et on l'employait de préférence dans les cérémonies religieuses.

Nous retrouvons cette échelle antique, divisée sur la quarte : *la-ré* dans la communion II. *Exiit sermo* (saint Jean l'Evangéliste), ainsi que dans les antiennes *Magnum haereditatis mysterium* (Circoncision) et *Adsumpsit Jesus* (deuxième dimanche de Carême).

. La même gamme est transposée à l'échelle de *ré (ré-sol)*, avec *si* ♭ permanent (1) dans les alléluias : II. *Dominus regnavit* (deuxième messe de Noël), *Dies sanctificatus*, et tous ceux du même timbre (troisième messe de Noël et fêtes suivantes) ; *Justus ut palma* (messe des Abbés) ;

Introïts : II. *Ecce advenit* (Epiphanie) ; *Salve sancta parens*, calque du précédent ; *Cibavit* (lundi de la Pentecôte) ;

Communion : I. *Jerusalem* (deuxième dimanche d'Avent), qui se développe au grave de la coupure modale.

Mais on étudiera ce mode principalement dans les antiennes psalmiques, les plus anciennes du répertoire grégorien, telles que : I. *Ecce quam bonum* (vêpres du jeudi); *Ab insurgentibus* (nocturne du vendredi saint) ; celles aussi des premier et quatrième dimanches de Carême, AA. 1, et l'on comparera les formules ambroisiennes du même mode. *Ibid.*, 2.

Dans la série des antiennes de texte biblique, dont l'usage suivit de très près les antiques refrains psalmiques, on mentionnera : II. *A bimatu* (saints Innocents) ; I. *Domine, si tu vis* (troisième dimanche après l'Epiphanie); *Domine, salva nos* (quatrième dimanche) ; puis d'autres moins antiques et plus développées : I. *Germinavit radix Jesse* (Circoncision).

Dans l'hymnaire on peut citer : II. *Audi benigne conditor* (Carême) ; II. *Jam Christe sol* et *Immense caeli* (vêpres fériales).

---

(1) Cette transposition est ordinaire dans le chant byzantin. Bourgault-Ducoudray, *op. cit.*, p. 59.

(2) Ces formules se retrouvent très semblables non seulement dans les recueils des chrétiens orientaux, mais dans des chants de synagogue d'antique tradition. AA, 3, b.

L'échelle de *la,* divisée par quinte : *la-mi* (par transposition *ré-la*), avec si ♭) est celle d'antiennes psalmiques, types de l'Hypolydien normal : II. *A porta inferi ;* I. *Dum conturbata fuerit* (vendredi saint) ; *Exsurge* (nocturne du dimanche); *Exaltabor* (nocturne de l'Ascension), AA, 4. Nous avons, d'une époque postérieure, les formules plus chargées de neumes, du timbre : II. *O Sapientia* (Avent) ; *Genuit puerpera* (Noël) ; I. *Ecce puer meus* (saint Jean l'Evangéliste).

Du genre « ornemental » on a dans ce mode, au graduel : l'introït I. *Gaudete* (troisième dimanche d'Avent) ; l'alléluia I. *Laetatus sum* (deuxième dimanche) (1) et les *Kyrie « Cum Jubilo »* (IX) et *« Orbis factor »* (XI).

Dans l'hymnaire plusieurs pièces notées en *ré (si* ♭) : II. *Pange lingua corporis* (« ton romain ») ; I. *Aeterne rerum* (Laudes du dimanche) ; I. *Vexilla regis* (Passion) ; I. *Beata nobis gaudia* (Pentecôte), qui donne l'octave grave au-dessous de la coupure modale (2).

Relativement au fait de la transposition, on notera que parfois le *si* ♭ entre deux *la* vient par attraction de ce degré. Cette modification mélodique, dont l'étude n'est pas à faire ici, rapporte au mode de *la* des chants appartenant par ailleurs au mode de *ré.*

D'autre part, beaucoup d'antiennes de l'ancien fond grégorien ne dépassent pas la tierce au-dessus de la finale et sont privées des caractéristiques modales autres que la tierce mineure de la cadence, par exemple *Caeli caelorum* qui disparaît dans la réforme du Psautier romain; AA, III.

Comparez : I. *A timore* (Laudes du samedi) ; *Beati omnes* (Vêpres du mercredi) ; *Cantate Domino* (Laudes du mardi). Dans l'hymnaire on mentionnera : I. *Vox clara (En clara vox),* dont l'ambitus se développant à la sixte au-dessous de la finale répond à l'Hypodorien relâché (p. 27).

2) L'échelle ayant pour finale *ré,* avec *sol* pour note de coupure modale, et si ♮ permanent au sixième degré, représente l'ancienne gamme Phrygienne, dont les degrés *RÉ-FA-SOL-LA-SI* ♮ se prêtaient au jeu des instruments guerriers. Aussi les anciens attribuaient-ils à ce mode un caractère enthousiaste et excitant, qui s'est toutefois adouci dans le chant d'Eglise par la combinaison mélodique des autres degrés et par le mélange de cette gamme avec celle de *la,* au moyen du degré mobile, *si* ♭ et *si* ♮. La division antique de l'octave sur la quarte *sol* a fait place peu à peu dans notre usage à la division sur la quinte *la,* propre jadis à la tonalité du système Locrien (p. 27). Ces modifications mélodiques donnèrent à l'ancien mode passionné des chœurs de danses païennes un caractère de distinction et de gravité.

Le mode de *ré,* suivant son ancienne division sur la quarte, devint le premier authente de la série byzantine, et dans ses deux formes *ré-sol-ré* et *ré-la-ré,* le premier ton du plain-chant.

---

(1) Voir toutefois l'observation sur le chromatisme de cette pièce et d'autres analogues, de Borremans. *Tribune de Saint-Gervais,* septembre-octobre 1913, p. 220.

(2) On observera du reste dans les pièces les plus étendues le rôle mélodique des degrés octaves des notes de finale et de coupure.

Nous le retrouvons sous la première forme dans des pièces telles que les suivantes :

La neume de l'alléluia I. *Beatus vir* (Confesseurs non Pontifes). (Comparez celle de l'alléluia I. *De quacumque*. Patronage de saint Joseph.)

Sanctus II.

Alléluia *Laudem Domini* (Saint Nom de Jésus).

Les antiennes du type I. *Venit lumen tuum.*

L'hymne de Noël, où l'*ut* inférieur souligne la prédominance du *sol* de coupure. (Comparez : *qui reliquistis... et secuti estis...* dans la communion *Amen dico vobis* (Confesseurs non Pontifes).

Plusieurs antiennes du Propre du temps, par exemple : I. *Dum intraret* (treizième dimanche après la Pentecôte) ; *Dicebat enim* (vingt-troisième dimanche) ; *Misericordia tua* (Prime du mercredi).

L'hymne I. *Ecce jam noctis* (II).

Les degrés modaux de ces pièces sont : 1° *sol*, note de coupure, puis *mi* en relation avec cette corde principale ; d'où il suit que *mi* et *ut* sont en rapport de cadence avec la finale *ré*.

2° Dans d'autres pièces (Voir la dernière citée), la même note de coupure se liant mélodiquement avec sa tierce *si* et sa quinte *ré*, octave de la finale, l'accord de *sol* majeur devient modal. (Cp. AA. Antienne *Apertis thesauris*, II° partie, p. 113.)

3° Dans des pièces d'une autre subdivision, *fa* et *la* sont en relation mélodique directe avec la finale *ré*. L'*ut* grave est amené en repos intermédiaire par la dominante mélodique *sol*. Le degré de *si* ♮ subsiste parce que l'intervalle *fa-si* ♮ n'est pas accusé dans cette échelle, où le *fa* n'est pas prépondérant. (Ci-après, p. 63.)

La seconde forme de l'échelle de *ré*, divisée mélodiquement sur la quinte, et qui constitue dans le chant byzantin un mode distinct (1), est devenue la plus fréquente dans le répertoire ecclésiastique occidental.

L'emploi de *la* comme note de coupure donne pour degrés de modalité : *fa* et *la*, superposés par tierces à la finale ; puis secondairement *ut* et *mi*, formant une seconde harmonie mineure avec cette même note de coupure.

Cette échelle est apparente dans les chants suivants :

Introït : I. *Salus autem* (messe des Martyrs). Comparez *Justus ut palma* (Confesseurs non Pontifes).

---

(1) Cet ambitus [*ré-la*] dépasse d'un ton à l'aigu celui du *premier mode* [grec]. Il embrasse une sixte majeure... Cette dernière note [*la*], qui n'existe pas dans l'ambitus strict du *premier mode*, prend dans le *premier plagal* une grande importance, car dans un certain nombre de mélodies de ce mode, elle joue le rôle de dominante. La constitution du *premier mode* est basée sur le *tétracorde* (quarte) ; celle de son *plagal* sur le *pentacorde* [quinte]. Dans le *premier mode*, nous avions pour dominante *sol* et pour finale *ré*. Dans le *premier plagal*, nous avons la même finale *ré*, mais nous trouvons deux dominantes : *la* et *fa*. » L.-A. Bourgault-Ducoudray, *Etudes sur la Musique ecclésiastique grecque.* Paris, 1877, p. 17.

Alléluias : I. *Regnavit* (Dimanche dans l'octave de l'Ascension), et *Domine Deus meus* (deuxième dimanche après la Pentecôte).

Kyrie XVII et *IV* « *Cunctipotens* », dont la phrase finale s'arrête sur cette note de coupure.

Antiennes : I. *Montes Gelboe* (quatrième samedi après la Pentecôte) ; *Deficiente vino* (deuxième dimanche après l'Epiphanie) ; *Estote fortes in bello* (Apôtres) et autres du même type.

Quelques hymnes anciennes, comme I. *Jam Christus* (*Te lucis*) de la Pentecôte ; et l'on rapprochera cette mélodie de formules d'antiennes simples, telles que *Ait latro* (vendredi saint) :

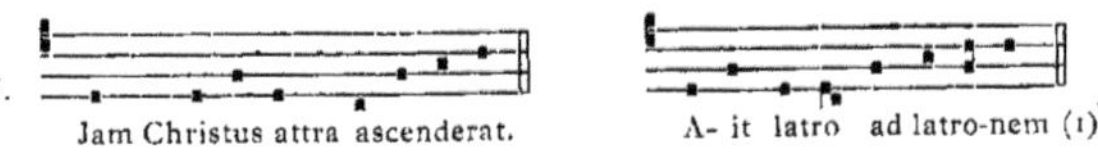

Voir aussi I. *Crudelis Herodes*. Enfin les hymnes d'origine occidentale et moins anciennes : I. *Gloria laus ; Pange lingua... lauream ; Ave maris stella* I, et le plus grand nombre des séquences ayant *ré* pour finale.

On ajoutera le *Credo IV*, de même provenance.

Dans les chants écrits sur la finale *ré*, l'importance donnée au *fa*, placé à égale distance de la note de coupure (*la*) et de la finale, et qui partage avec le *la* le rôle de dominante psalmodique (deuxièm: ton), appelle le *si* ♭ dans la partie supérieure, tandis qu'au grave le *si* ♮ subsiste souvent. Voir l'offertoire I. *De profundis* (vingt-deuxième dimanche après la Pentecôte). Dans les pièces propres du mode de *la* transposées en *ré*, le *si* ♭ demeure au-dessous de la portée. Voir l'antienne *Adsumvsit* citée.

Depuis l'époque déjà reculée où les premiers développements de l'art musical en Occident firent trouver « difficile de chanter d'après une échelle contenant trois tons pleins consécutifs » (2), le degré de *si* varia souvent dans un même morceau, sous l'influence du *fa*, ou seulement dans les broderies mélodiques, par attraction :

Par ailleurs, la grande liberté de composition des mélographes du moyen âge ne fit pas la distinction systématique des deux modes, c'est

---

(1) La modalité des plus anciennes hymnes, assimilable à celle des antiennes primitives, ne se distingue en rien des hymnes païens du IIe siècle. « Elle concorde en conséquence avec la théorie modale de la Grèce classique ». Gevaërt, *La Mélopée antique*, p. 69.

(2) Guy d'Arezzo, *De modorum formulis*, 5 ; — Gevaërt, *La Mélopée antique*, p. 192. L'attraction serait reconnaissable dans la formule de début des antiennes : I, *Dum aurora finem daret* (sainte Cécile) ou *Quae est ista* (Assomption), comparées à cette autre : I. *Mulier quae erat in civitate peccatrix* (Quatre-Temps de septembre).

pourquoi la tonalité de *ré* se confond, dans de nombreuses pièces du répertoire actuel, avec celle de *la.*

Il faut encore mentionner les pièces omettant le degré mobile, par où la mélodie peut être rapportée à l'une ou à l'autre des deux échelles de *la* et de *ré :*

Kyrie I. « *Alme Pater* » (X).
Introït I. *Exsurge* (Septuagésime).
Séquence *Victimae paschali.*
Sanctus I *ad libitum.*
Antiennes *Pueri Hebraeorum* (Rameaux).
Hymne *O gloriosa.*

Il va sans dire que les classifications qui précèdent n'ont pas le caractère absolu que présentent les échelles ou formules modales théoriques des anciens Grecs. Dans l'analyse tonale des chants grégoriens, l'importance mélodique des degrés d'une formule quelconque est déterminée moins par l'application d'une théorie tonale que par la vertu des éléments rythmiques. Dans l'alléluia *Surrexit Dominus* (mardi de Pâques), entre autres exemples, la valeur de la note de coupure *la* est contrebalancée au cours de la mélodie par l'importance rythmique donnée à la quarte *sol.* (Ci-dessus, p. 45.) L'accompagnateur observera dans tous les autres modes des faits analogues, qui exigent la souplesse des moyens harmoniques.

Le mode mineur direct comprend en outre diverses variétés dont la finale n'est pas la tonique.

On a vu le degré de *la* survenant comme quinte de la finale dans le *Kyrie IV* (p. 47), et aussi dans l'hymne *Vox clara,* — en relation modale avec *mi* et *do* (p. 45). Le même degré, en dépendance de la finale *mi,* alterne avec *sol* dans la terminaison des incises du *Credo I,* où la finale *mi* n'apparaît qu'à la conclusion de l'*Amen.*

Il faut rapprocher de ce récitatif du *Credo* simple, la psalmodie et la formule d'antiennes du type *peregrinus* (1), construite sur les degrés graves des modes de *si* et de *sol* (IVe et VIIe tons), mais se terminant sur *la,* avec *mi* et *ré* pour cordes de psalmodie (en transposition : finale *ré;* psalmodie *la* et *sol*). Deuxième partie, p. 115. Cette tonalité n'est pas le résultat d'une altération mélodique. Les auteurs anciens, tout en la classant en dehors de la série des huit modes, reconnaissent que cette formule est « antérieure à l'invention des tons » (2).

La finale *la* se présente enfin comme tierce de la tonique *fa,* exprimée ou sous-entendue, dans les formules de l'Hypolydien intense. Voir

---

(1) *Nos qui vivimus,* vêpres du dimanche (ancien Psautier). Voir *Deus autem* (nouveau Psautier) ; *Martyres Domini* (Commun des Martyrs), *Angeli Domini* ; *Benedictum nomen* (saint Nom de Jésus).

(2) Gerbert, 1, 2. Dans Gevaërt, *La Mélopée antique,* p. 121, et Borremans, *Tribune de Saint-Gervais,* cit. p. 217.

ci-après : « Mode de *fa* », qui produit de cette sorte un mode majeur à finale mineure.

On a dans ce mode la formule des graduels du deuxième ton : II. *Justus ut palma ; Haec dies ; Tecum principium.* Comparez alléluia II. *Confitemini* (dix-neuvième dimanche après la Pentecôte). Voir aussi l'antienne *Magnum haereditatis mysterium* (Noël).

Le procédé de substitution à la tonique, de la tierce de celle-ci comme note finale, apparaît dans la psalmodie du Ve ton à la finale, et dans les incises du répons bref pascal ou des antiennes du timbre *Notum fecit Dominus* (1).

On remarquera enfin que les mélodies appartenant aux modes intenses opèrent souvent leur terminaison par mouvement ascendant, alors que les modes normaux descendent régulièrement vers la terminaison.

Dans la plupart des antiennes de ce mode « élevé », le soutien tonal (*fa*) n'est pas exprimé, mais alors le degré intermédiaire *sol* entre la tonique sous-entendue et la finale, est accentué dans la mélodie. Voir les antiennes : II. *Framea suscitare* (lundi saint) ; *Consolamini* (quatrième jeudi d'Avent) ; *Omnipotens sermo* (quatrième dimanche d'Avent).

Cette forme modale majeure à finale mineure se partageait, avec les modes *majeurs* de *fa* et de *do*, l'expression de la plainte et des lamentations de deuil (2), et s'exécutait sur un diapason élevé. C'est par suite d'un contresens provenant de l'erreur de nomenclature signalée plus haut (p. 32), que ces formules d'antiennes se trouvent transposées au bas de l'échelle tonale.

De chacune de ces catégories, les mélodies dont l'étendue représente l'octave au-dessus de la finale, avec l'une ou l'autre forme du degré de *si*, constituent le premier ton du plain-chant (premier authente) et ont pris comme dominante de psalmodie la quinte *la*.

Le deuxième ton (premier plagal), ayant pour dominante psalmodique *fa*, tierce de la finale, comprend généralement les chants appartenant ou ayant appartenu primitivement au mode de *la*. Les pièces du deuxième ton s'étendent au grave au-dessous de la finale :

Répons *Collegerunt* (Rameaux).

Offertoire *Veritas* (Confesseurs Pontifes), *Ad te levavi* (premier dimanche d'Avent).

Introït *Ecce advenit* (Epiphanie).

Gloria II *ad libitum.*

Certains morceaux attribués dans nos livres au premier ou bien au deuxième ton, peuvent à la rigueur, faute d'un ambitus absolu, être

---

(1) Le fait de cette modulation mélodique expliquerait aussi bien la formation du type d'antiennes *Lauda Jerusalem* (ci-après, p. 56), écrites en effet à cette échelle, avec *si* ♭ permanent. On en rapprocherait de même la mélodie du *Sanctus XVIII* (Voir G. Bas, *Kyriale*, p. 80), bien que ce chant suive modalement la Préface (ci-dessus, p. 38).

(2) Ci-après, p. 60.

assignés à l'un aussi bien qu'à l'autre (1). Comparez les antiennes I. *Majorem caritatem* ; I. *In patientia vestra* (office des Apôtres) ; I. *Ecce in nubibus* (deuxième dimanche d'Avent), avec II. *A porta inferi* (office des Défunts) ; II. *Oppressit me dolor* (Sept Douleurs) ; II. *Juste et pie* (troisième dimanche d'Avent) ; la communion I. *Amen dico vobis quod vos qui reliquistis* (Confesseurs non Pontifes) avec l'antienne I. *Vos qui reliquistis* (office des Apôtres), dans l'Édition Vaticane et les précédentes.

Aussi bien, la teneur mélodique des gammes de *ré* et de *la* amène des combinaisons harmoniques identiques pour l'un et l'autre mode.

Enfin les récitatifs construits sur la tierce mineure rentrent dans cette catégorie modale (2).

Harmonie des modes de ré et de la.

La première gamme prend pour chacun de ses sept degrés les accords établis sur les degrés diatoniques contenus dans l'échelle. AA, 8.

La seconde, en transposition, ajoute ou substitue plusieurs harmonies aux 1er, 3e, 4e et 6e degrés, qui contiennent le *si*. (*Ibid.*, 9.)

La superposition harmonique des notes modales amène des combinaisons dissonantes, dont l'effet devient satisfaisant par le mélange du mode majeur avec le mineur dépourvu de la note sensible. (*Ibid.*, 10.) On a vu que ces combinaisons s'expliquent mélodiquement. (P. 36.)

Les conclusions harmoniques se font soit en prenant pour basse les notes d'une autre conclusion mélodique (*Ibid.*, 11), soit par l'accord de la quinte de la finale (11, *a*) qui est la vraie cadence du mode mineur (3). On peut adoucir par une septième l'enchaînement de ces successions sans notes communes. 11, *b*. Cp. 12, *d, e*.

Les formules basées sur *la* (*b, c*) conviennent généralement à tous les chants des deux modes (Ier et IIe tons). Les cadences établies sur *do* (*Ibid., a, d*. Cp *f*) et mieux encore les cadences sur *fa* (11, 3e) correspondent au IIe ton, dont la dominante modale est *fa*.

L'absence de sensible dans ces échelles ne permet pas l'usage de la cadence parfaite. Les formules finales s'harmonisent avec une grande variété au moyen de cadences plagales ou d'accords renversés des 1er et 3e degrés. (*Ibid.*, 12, 13.)

Les repos intermédiaires sur les autres degrés de l'échelle reçoivent des harmonisations diverses, en relation avec les accords voisins et

---

(1) D. Pothier, *Les Mélodies grégoriennes d'après la tradition*, p. 257.

(2) Il est à propos de comparer avec les récitatifs en usage dans l'Église latine les formules juives orientales conçues dans les mêmes modes et opérant d'identiques modulations. Le rapprochement établit l'antiquité de deux traditions pourtant fort éloignées. AA, 5. p. 99-101.

La comparaison pourrait s'étendre aux chants neumés. *Ibid.*, 6.

Elle est plus sensible dans les formules de récitation neumées d'un autre texte de synagogue, et qui sont à rapprocher des pièces grégoriennes où les repos sur *mi* alternent avec les cadences sur *ré* : AA 7.

(3) V. d'Indy, *Cours de composition*, I, ch. VII, p. 3.

souvent graduées en raison de l'importance modale de ces pauses. Des renversements ayant pour basse les notes modales apparaissent dans plusieurs de ces exemples. (*Ibid.* 14.)

Les cadences intermédiaires sur *la* et *fa* se font au moyen de l'accord mineur de la finale (*ré*) ou de ceux de *la* mineur ou *fa* majeur, en évitant toutefois que l'emploi constant de ce dernier ne produise l'impression du mode de *fa*.

Les repos sur *mi* sont moins fréquents. Sur *sol* au contraire ils sont caractéristiques des chants de la première catégorie. Les exemples cités à la suite montrent que les accords de *sol* puis de *do* conviennent respectivement à cette pause.

L'harmonisation des chants constituant les subdivisions modales ayant *la* ou *ré* comme notes de terminaison, mais avec une autre tonique (ci-dessus, p. 48, 49), dépend de la constitution harmonique donnée aux échelles dont ces modes dérivent. On en trouvera les formules sous les conclusions intermédiaires *la* et *ré* dans les modes de *fa*, de *do*, de *mi*, de *si* et de *sol*.

II. — Modes de *mi* et de *si* Mineur inverse.

1. MI : a) *Mode Dorien.*
     b) *Mixolydien grave* (2ᵉ mode de *mi*).
     c) *Mineur mixte.*
2. SI : a) *Mode Mixolydien.*
     b) *Ionien intense.*

Troisième Ton (Deuxième authente). Quatrième Ton (Deuxième plagal).

L'échelle ayant *mi* pour finale, avec *si* ♮ au cinquième degré, se montre sous les aspects de *mi-la-mi* (harmonie Dorienne) et *mi-si-mi* (forme grave du mode Mixolydien). Les notes modales, en dépendance de la coupure des échelles, et les dominantes varient, toutes ces espèces restant caractérisées par la tierce finale descendante, formée d'un ton et d'un demi-ton, particularité qui donne à ces modes une grande expression de douceur.

Les pièces de cette catégorie modale, qui semblent avoir été les plus nombreuses dans le recueil grégorien très ancien, comme dans le chant grec ecclésiastique (1), tiennent encore une large place dans l'édition actuelle, même parmi les compositions récentes.

L'échelle antique divisée par quarte et quinte, se retrouve intacte dans les pièces du IVᵉ ton ayant *la* pour dominante psalmodique, avec les degrés mélodiques de *sol*, tierce supérieure de la finale, et *ut*, sa tierce inférieure, qui forment respectivement les accords de *la* mineur puis *do* majeur, et secondairement, par l'intervention du cinquième degré, l'accord de *mi* mineur.

On examinera sous ce point de vue les morceaux suivants, où les

---

(1) Bourgault-Ducoudray, p. 58.

repos secondaires et les conclusions sont opérés le plus fréquemment par l'harmonie de *la* mineur, demandée par l'union de la finale et de la dominante modale.

Antiennes : III. *Confitemini Domino quoniam* et *Confitemini Domino quia* (vêpres du jeudi) ; IV. *Laudabo* et *Impietatibus* (Laudes du mercredi). A ces antiennes de facture simple, auxquelles on joindra *A viro iniquo* de l'ancien psautier (1) ; on comparera la formule plus développée : IV. *Est secretum* (sainte Cécile), et une autre d'origine grecque : III. *Quando natus es* (Circoncision).

Introït III. *Vocem jucunditatis* (cinquième dimanche après Pâques). Comparez *Gaudens gaudebo* (Immaculée Conception).

Communion : IV. *Exsulta* (deuxième messe de Noël) ; IV. *Inclina* (septième dimanche après la Pentecôte) ; III. *Gustate* (huitième dimanche).

Alléluias : IV. *Dextera Dei* (quatrième dimanche après Pâques) ; III. *In te Domine* (sixième dimanche après la Pentecôte).

Hymnes ; IV. *Ecce jam noctis* (Laudes du dimanche) ; IV. *Te lucis* (3e) ; IV. *Splendor paternae* (Laudes du lundi).

Le *Gloria XV*, qui est une psalmodie, et le *Benedicamus XVIII*.

L'échelle de cette modalité, très apparente dans ces dernières pièces, qui sont les plus anciennes, porte en elle-même la preuve de son usage très antique non seulement dans le chant d'Eglise, mais encore à une période plus reculée (2).

Supposons en effet une simple récitation sur la corde de *la*, qui représente la *mèse* ancienne, avec un repos sur le premier degré descendant, à un ton plein d'après la diatonie rigoureuse, nous obtenons la formule

qui est celle de la psalmodie simple, notée IV *g*, celle aussi de la flexion d'un récitatif d'oraisons (Premier *ad libitum*) et du ton carthusien des leçons. La phrase initiale de la Préface, l'introduction au *Pater*, sa finale, le *Pax Domini* et le verset *Requiescant in pace*, modulent sur ces mêmes degrés.

Si au développement de cette mélodie rudimentaire le troisième degré descendant peut être pris à pareille distance d'un ton plein, en revanche, le quatrième tombera à un demi-ton du troisième, afin d'éviter trois tons consécutifs en série descendante (3). On forme de la sorte le tétracorde

<hr>

(1) Voir BB, 1.

(2) L'identité de la cadence dorienne avec les plus anciennes psalmodies chrétiennes explique le rapprochement des formules du *Te Deum* et de la mélopée des tragédies grecques. (*L'Eclair*, 25 décembre 1911.)

(3) D. Pothier, « *Etude grégorienne* », *Tribune de Saint-Gervais*, juillet 1895.

qui est exactement celui de nos psalmodies (IV, *e*, *Gloria XV* cité *Te Deum*) et qui constitue la cadence propre du mode Dorien (1). Comparez l'antienne ambrosienne *Psallam Deo* et sa formule de psaume, BB, 2.

2) Dans la division de l'échelle par quinte et quarte (2), la prépondérance est assurée aux troisième et cinquième degrés (3), dont la combinaison harmonique avec la finale donne l'accord modal de cette échelle, qui eut, comme le mode de *ré*, deux dominantes, la tierce et la quinte de la finale.

La dominante *sol* se retrouve encore dans le chant de la Généalogie. Voir aussi les pièces suivantes :

Sanctus X. Comparez l'*Agnus* correspondant.

Sanctus II ad libitum.

Antiennes IV. *Qui timet Dominum* (vêpres du dimanche); *Triduanas* (22 novembre); *Crucem tuam* (vendredi saint); *Habitabit* (samedi saint); III. *Fac benigne* (troisième dimanche de Carême).

Hymne III. *Deus tuorum militum* (2e).

Credo II, où cette dominante subsiste entièrement.

L'autre dominante, *si*, est apparente dans les alléluias : III. *Defecit* (saint François Caracciolo), où elle forme avec la tierce *sol* les cadences intermédiaires ; *In te Domine* (sixième dimanche après la Pentecôte) sur les mots *In aeternum, accelera* ; et *Jubilate Deo* (dimanche après l'Epiphanie).

Offertoire III. *Sperent in te* (troisième dimanche après la Pentecôte).

Communion III. *Vidimus stellam* (Epiphanie).

Gloria XIV, où elle reçoit la majorité des cadences.

Antienne III. *In Bethleem* (troisième mardi d'Avent), sauf l'intonation.

La même note modale accentue les derniers vers de la strophe III. *Pange lingua* (4) (fête du Saint-Sacrement), tandis qu'au début de cette mélodie l'*ut* a remplacé le *si*.

(1) Cette même cadence dorienne « constitue [sous le nom de λέγετος], un mode spécial qui joue un rôle fort important dans la musique de l'Eglise grecque. Beaucoup des mélodies les plus expressives de sa liturgie appartiennent à ce mode ». Bourgault-Ducoudray, *op. cit.*, p. 44. Le λέγετος diffère de la gamme antique dont il dérive, par l'altération du *fa*, qui s'élève d'un quart de ton quand la mélodie monte, et du *la*, qui se baisse d'un quart de ton quand la mélodie descend. *Ibid*.

(2) Cette forme modale n'est pas admise dans la théorie byzantine. Son emploi est au contraire bien conforme à nos habitudes musicales.

(3) Comparez l'antienne *Orietur* du nocturne de Noël : BB, 3.

(4) Comparez avec la mélodie de cette hymne les antiennes : III. *Cum fortis armatus* et *Si in digito* (troisième dimanche de Carême). Pour l'équivalence ou la substitution de l'*ut* au *si*, comparez le début des antiennes *Fac benigne* (ci-dessus), *Ecce Dominus* (deuxième dimanche d'Avent), avec III. *Ista est* (office des Vierges) ou *Serve bone* (Confesseurs Pontifes).

En effet, le degré mobile s'abaissant sous l'influence du *fa* (1) ne put servir de note de teneur (2) et fut remplacé par l'*ut* qui devint ainsi la dominante psalmodique des antiennes du IIIe ton (3). Suivant cette condition, l'harmonisation peut s'assimiler à celle des chants de la catégorie précédente.

Indépendamment du fait de l'importance modale du degré de quinte, l'*ut* supérieur survient, comme degré modal de la gamme Dorienne, dans plusieurs pièces :

Introït III. *Omnia* (vingtième dimanche après la Pentecôte).

Antiennes : III. *Omnia quaecumque* (ancien Psautier) ; *Domine, clamavi ad te* (vêpres du vendredi) ; *Nemo te condemnavit* (troisième samedi de Carême) ; *Salva nos* (complies).

Toutefois ce degré n'a pas, dans les chants du IIIe ton, la même valeur mélodique que dans ceux du VIIIe, où il porte de longues teneurs et des formules modales (4).

Dans les mélodies indiquées ci-dessus, où l'ancienne dominante *si* n'a pas disparu (5), cette note doit recevoir l'accord modal figuré plus haut. Sous la dominante nouvelle on ne pourrait donner la préférence à l'harmonie de *do* majeur, au lieu de celle de *la* mineur, qui est en corrélation avec la finale du mode.

La même finale *mi*, avec *ut* et *sol* pour degrés modaux, accuse une variété harmonique non classée, assimilable dans son tétracorde bas à l'Ionien intense (ci-après, p. 55). On pourrait rattacher à cette catégorie les mélodies où la corde d'*ut* se marque au grave. Voir l'hymne *Omnis expertem ; Terrena cuncta jubilent* (*Cantus Mariales*) et quelques antiennes récentes.

L'octave mixolydienne, le mode calme et d'accent plaintif de l'ancienne musique classique, ayant *si* pour finale, et pour note de teneur la quarte *mi* (6), se retrouve dans des mélodies du IVe ton, souvent

(1) Comparez :

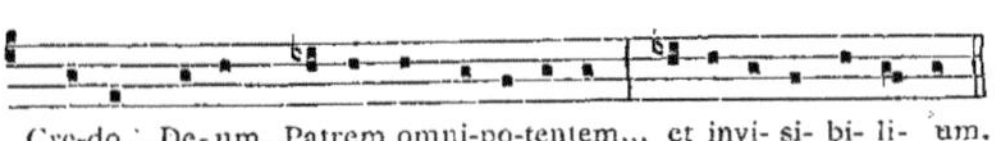

(2) C'est apparemment la raison qui fit rejeter par les Grecs la division de cette échelle sur la quinte.

(3) La psalmodie sur *si* des introïts de ce mode subsiste « en Italie, au Mont-Cassin, à Bénévent ». Dom A. Mocquereau, *Le Nombre musical grégorien*, p. 206.

(4) Cp. V. d'Indy, *Cours de composition*, I, p. 70.

(5) « Le maintien du *si*, en ces circonstances, importe extrêmement à la conservation de la physionomie de ce mode. Le goût grégorien le réclame, conformément à ce que dit un auteur du xie siècle : « Incontestablement le troisième mode aime la deuxième neu- « vième (le *si* naturel), parce qu'elle est la quinte au-dessus de sa finale ; mais surtout « parce qu'elle retourne par un intervalle de quarte à la note *e* (*mi*) la plus aiguë de son « échelle. » [Gerbert] D. Mocquereau, *op. cit.*, p. 206.

(6) La coupure *si-fa-si* n'est pas admise ; le cinquième degré ne peut servir, à intervalle de triton, de dominante harmonique.

transposées à l'échelle de *mi* avec *si* ♭ permanent, mais justement écrites ailleurs à leur échelle propre.

Alléluias du type : IV. *Excita Domine* (troisième dimanche d'Avent); *Emitte Spiritum* (Pentecôte) ; *Ascendit Deus* (Ascension) ; *Qui posuit* (messe pour la Paix), variante mélodique du même timbre, où est accusée la dominante à la quarte ; *Lauda Jerusalem* (messe pour la Paix). autre variante où le degré de tierce est au contraire marqué avec insistance.

La même particularité se révèle dans la mélodie plus développée de l'offertoire IV. *Sacerdotes.* (Saint-Sacrement), dans l'antienne IV. *Juxta vestibulum* (office des Cendrés). On citera encore l'hymne IV. *Exsultet* (1), l'offertoire IV. *Exsultabunt* (messe des Martyrs) et la communion IV. *Benedicimus* (Trinité).

Les pièces suivantes, écrites sans transposition, à l'échelle de *si*, descendent en repos intermédiaire au *fa* grave :

Communion IV. *Dilexisti* (messe des saintes Femmes), IV. *Ab occultis* (quatrième lundi de Carême) ; IV. *Tollite hostias* (dix-huitième dimanche après la Pentecôte) ; IV. *Per signum crucis* (sainte Croix), qui présente un ambitus de neuvième.

Un bon nombre de mélodies n'atteignent pas le cinquième degré ou l'omettent, et peuvent être rapportées indifféremment à l'une ou l'autre des deux échelles de *mi* ou de *si*, à moins que le rapprochement de mélodies plus complètes ou bien le contexte mélodique ne spécifient l'attribution.

L'introït IV. *Resurrexi* (Pâques); les communions IV. *Inclina* (septième dimanche après la Pentecôte) ; IV. *Quod dico vobis* (messe des Martyrs), ne dépassent pas la quarte.

L'antienne très archaïque du nocturne des Martyrs *Sanctis* (BB, 4) ne monte qu'à la tierce. Une autre du même office, également intéressante (*Ibid.*, 5) montre le mélange de modes dont on a parlé (p. 3o, 39). Comparez les antiennes IV. *Fidelia* ; *In mandatis, Domine audivi* de l'ancien Psautier ; *Omnis terra* et *Omnes gentes* du nocturne de l Épiphanie.

L'hymne IV *Jesu nostra redemptio* (Ascension), l'offertoire IV. *Tui sunt* (troisième messe de Noël) omettent le degré mobile.

Par contre, la grande partie des chants à finale *mi* sont des mélodies mixtes employant les deux formes du *si*.

3) La finale *si*, avec la combinaison *sol-ré* pour soutien modal, donne le second mode de *si*, appartenant au système Phrygien et appelé Hyperiastien ou Ionien intense. C'est, à la différence du mode Mixolydien, une échelle à cadence mineure et fondement harmonique majeur.

Les pièces de cette classe sont nombreuses dans le répertoire.

Le *Gloria* pascal monte successivement du *sol* au *la*, puis au *si*, en degrés de cadence, et le *ré* devient la note mélodique principale et le soutien de la terminaison *si*.

Le *Sanctus* et l'*Agnus* de la même messe montrent pareillement la relation tonique de cette finale avec les degrés de *sol* (tonique) et de *ré* (teneur élevée) (1).

On fera la même observation sur l'antienne IV. *Ne reminiscaris* (troisième samedi de septembre) et l'hymne *Conditor alme siderum*.

Voir aussi l'antienne IV. *Hymnum dicite* (Quinquagésime).

On peut rapprocher de ces pièces le *Kyrie XVIII*, en observant l'insistance donnée au *ré* supérieur en relation avec la finale *si* et le degré de *sol* amenant cette finale et justifiant l'harmonisation sur la tierce, telle qu'elle se trouve en effet dans les accompagnements de ce *Kyrie*, combinée avec l'harmonie de *la* mineur et préparée par le renversement dans l'accompagnement de M. l'abbé Brun, aux trois premières phrases, la quatrième terminée sur une quinte, après une discrète intervention du *fa* naturel dans cette dernière phrase ; en alternance avec l'harmonisation sur la quinte dans celui de M. G. Bas. Le renversement, ou encore une harmonie suffisante, pareille à celle qui est indiquée au *Sanctus XVIII* (à la suite), conviennent à ces mélodies peu développées, imprécises et requérant une harmonisation simple. Ci-dessus, p. 23, 38. Deuxième partie, p. 129-132.

Dans le *Kyrie XVI*, il ressort que le *si*, finale des quatre premières phrases, est la quinte de la finale exprimée.

Dans l'hymne IV. *Exsultet*, toute la mélodie semble reposer sur la note grave (*sol* en transposition) qui forme la troisième cadence.

On ajoutera enfin à cette énumération les antiennes fériales *Lauda Jerusalem* (Laudes du vendredi) (2) ; *Illumina Domine* (Laudes du mardi) ; *In matutinis* (quatrième dimanche de Carême), et autres du même timbre : *Clamavi ; Et omnis ; Speret* (3), ces dernières disparues du Psautier romain ; puis le répons bref *Inclina* (dimanche à Tierce) (4), et l'antienne grecque *Rubum quem viderat* (Circoncision).

La tonique *sol* n'est pas exprimée dans certaines formules, qui sont cependant du même mode :

Antiennes : IV. *Triduanas ; In mandatis* (ancien Psautier) ; *Qui timet Dominum* (nouveau Psautier), transposition à la quinte.

(1) Des formules très semblables à ces mélodies se chantent selon une tradition fort antique et ininterrompue, dans les synagogues orientales, par exemple sur des récitatifs où l'on reconnaîtra une psalmodie ornée. BB, 6.

(2) On a signalé toutefois (p. 49, note 1) une autre formation modale possible ce ce type d'Antiennes.

(3) D. Pothier, *Les Mélodies grégoriennes*, p. 249. Cp. p. 247 :

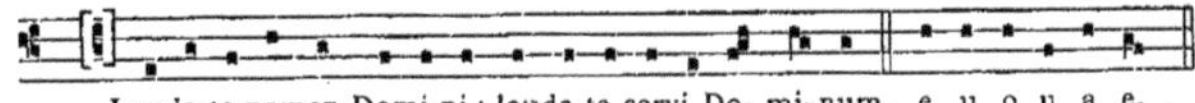

Lauda-te nomen Domi-ni : lauda-te servi Do-mi-num. e u o u a e.

L'analogie des notes de début avec la mélodie des antiennes : I. *Exi cito* (deuxième dimanche après la Pentecôte) et *Veniet Dominus* (troisième dimanche d'Avent) explique la transposition, qui n'altère pas le caractère modal de ces formules.

(4) Le lecteur étudiera, dans la Deuxième partie, p. 128-132, les harmonisations de ce mode écrites pour le présent ouvrage par M. L. Thirion, professeur au Conservatoire de Nancy.

Enfin dans d'autres mélodies la même finale serait la quinte de la tonique *mi* et représenterait un Mixolydien évoluant mélodiquement sur le tétracorde grave. (Voir p. 28.)

L'harmonisation de ces formules doit dépendre respectivement des modes de *sol* et de *mi*. (Voir Deuxième partie, p. 128-132).

4. Une variété intéressante des mélodies de cette classe se voit dans les antiennes du type IV. *Ecce veniet* (deuxième lundi d'Avent) ; *Benedicta tu* (cinquième jeudi) ; *Ecce video* (saint Étienne) ; *Speciosa* et *Laeva ejus* (office de la sainte Vierge), ayant la quarte pour dominante, et dont la cadence à tierce mineure, privée du degré de seconde intermédiaire, appartient à la fois aux deux modes mineurs de *la*, mineur direct et *mi*, mineur inverse. Le degré mobile, noté par *si* ♮ à distance de la formule finale (Cp. *Ecce veniet... ipse renovabit*, cité ; *Ascendit Deus... et Dominus in voce tubae*. Nocturne de l'Ascension, Laudes du Rosaire ; *Benedicta tu... et benedictus*, cité), fait attribuer cette mélodie au mineur direct, mais l'introduction d'un *si* ♭ à proximité de cette finale, sur une incise paraphrasée (*Ecce veniet... Jerusalem, alleluia*. cité ; *Laeva ejus... amplexabitur me*, cité), les rapporte au mineur inverse. (Deuxième partie, p. 115).

On a comparé cette formule à celles d'antiennes du mode de *sol* (Cp. VIII. *Dirupisti* (vêpres des Apôtres) ; IV. *Exortum est... et justus Dominus* (Noël) ; VII. *Domum tuam* (Dédicace) ; voir aussi : I. *Domus mea*. Les hésitations des plain-chantistes et des éditeurs se fondaient sur l'imprécision de l'échelle mélodique de ces antiennes sans demi-ton.

A l'époque où les psalmodies étaient moins uniformes, ces antiennes en possédaient de propres, dont une à formule ornée se trouve sous l'antienne *Paradisi portae* (*Variae Preces*, 3ᵉ édition (1892), p. 192. Cp. *Cantorinus*, sous la rubrique IV, A.

Harmonie des modes de mi et de si.

L'échelle de *mi* divisée sur sa quinte prend les accords fournis par les degrés diatoniques, avec insistance sur les combinaisons contenant le degré de *si*, note modale. BB, 8.

Divisée sur la quarte, elle attribue la préférence aux accords comprenant le *la*, même dans la conclusion par l'accord de *la*, qui termine harmoniquement l'accompagnement, encore que des harmonistes, par analogie avec la première espèce d'échelle, ajoutent à l'accord de *la* celui de *mi* mineur en cadence plagale.

Le mode de *si*, écrit par transposition en *mi* avec *si* ♭, prend le quatrième degré comme dominante tonale, dans sa première forme (p. 54) ; *sol* et *ré* comme notes modales dans sa seconde forme (p. 55). Il modifie l'harmonie des 1ᵉʳ, 2ᵉ, 3ᵉ, 5ᵉ et 7ᵉ degrés. *Ibid.*, 9.

Le repos final ne peut s'effectuer sur l'accord formé par la finale, sa tierce et sa quinte, qui donnerait l'accord de quinte diminuée (*d*). On harmonisera cette terminaison d'après les éléments mélodiques, au moyen des accords de *mi* mineur ou de *sol* majeur (*a*, *c*), ou bien on emploiera une harmonisation suffisante répondant à cette finale sans présenter l'intervalle défectueux. *Ibid., b.* Cp. 11. Voir *Kyrie* XVIII, A et C (Deuxième partie, p. 129, 130).

Cadences et modulations des modes de mi.

Les procédés de réalisation sont analogues à ceux que l'on a indiqués pour les modes de *ré* et de *la*. Les successions 9, *k, i*; 10, *a, l* et autres, correctes harmoniquement, s'adoucissent dans d'autres exemples par l'emploi du retard ou de l'anticipation d'une partie accompagnante (*Ibid., e, f, m, n*) ou l'intercalation de l'accord de *la* (*d, h*).

Les repos inter médiaires se font sur tout accord modal. *Ibid.*, 13.

B. — MODES MAJEURS.

I. — Modes d'*ut* et de *fa*.

1. UT : *a) Mode Lydien.*
      b) Majeur moderne.
      c) Dorien élevé.
2. FA : *a) Mode Hypolydien.*
      b) Locrien élevé.

CINQUIÈME TON (Troisième authente). SIXIÈME TON (Troisième plagal).

Les échelles du système Lydien correspondent à notre gamme majeure avec sensible au-dessous de la finale.

1) Le premier opère la division de l'échelle sur la quarte, dans les chants d'origine plus ancienne :

Par transposition :
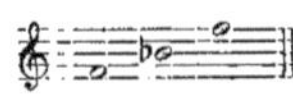

Cette coupure s'observera dans l'antienne de provenance grecque *Cum audisset* (office des Rameaux), présentant le demi-ton sous la finale et faisant sur la tierce *mi* la majorité des cadences :

C'est aussi la coupure de mélodies appartenant à la forme grave ou « relâchée » de ces modes : Introït VI. *Hodie scietis.* Voir ci-après.

2) Les mélodies d'origine occidentale partagent au contraire l'octave sur la quinte :

Par transposition :

Ce fait présente une altération du propre mode de *fa* dont il va être question.

Communions : *Laetabitur* (messe d'un Martyr au temps pascal) et V. *Tu mandasti* (dix-neuvième dimanche après la Pentecôte).

Alléluias : V. *Te Martyrum* (messe des Martyrs) et *Adsumpta est* (Assomption) ; VI. *Domine in virtute* (cinquième dimanche après la Pentecôte).

Le verset des graduels du Vᵉ ton (échelle mixte : *si* ♭-♮).

La messe VIII, *De Angelis*.

Le *Credo III*.

Sanctus et *Agnus IX* et *XVII*.

Dans plusieurs chants ainsi divisés sur la quinte, le 4ᵉ degré est omis. Ces chants peuvent appartenir au mode d'*ut* ou au mode de *fa* :

Introït VI. *Esto mihi* (Quinquagésime).

Antienne VI. *Adorna* (Purification), d'origine grecque, dans laquelle le premier groupe ne sert qu'à l'intonation. Ce procédé démontre que la mélodie s'exécute dans les notes élevées :

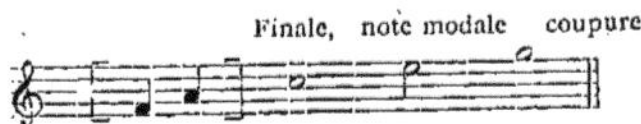

L'introït et le *Kyrie* de la messe des Défunts ont la même origine CC, 1. On rapprochera de ces formules les introïts VI. *Sacerdotes Dei* (Martyr Pontife) ; V. *Loquebar* (messe d'une Martyre), et l'offertoire VI. *In virtute* (messe des Confesseurs). Cette dernière pièce comporte une échelle mixte.

D'autres mélodies sont d'un ambitus restreint et ne montent pas au-dessus de la tierce.

Hymne VI. *Jam lucis* férial, et d'autres du mode « relâché », citées ci-après.

3. Le mode Hypolydien prend pour finale la note de coupure (*fa*) du précédent et présente une échelle caractérisée par l'intervalle de triton entre la tonique et le quatrième degré (*fa-si* ♮). Cette échelle est reconnaissable sous cette forme dans l'antienne V. *Ecce Dominus*, type de l'Hypolydien normal CC, 2.

La coupure de ce mode se fait nécessairement sur la quinte (*ut*) et non sur la quarte *si* ♮.

On retrouve l'échelle hypolydienne pure dans plusieurs pièces de l'Édition Vaticane :

Introït V. *Loquebar* (messe d'une Martyre).

Offertoire V. *Exspectans* (quinzième dimanche après la Pentecôte). Les repos intermédiaires se font sur la tierce *la*.

Communion V. *Dico vobis gaudium est Angelis Dei* (troisième dimanche), et plusieurs antiennes de texte analogue : V. *In conspectu Angelorum* (vêpres du mercredi. Ancien bréviaire) ; *Omnes Angeli* (Quinquagésime). Pareillement les antiennes fériales : V. *In servis suis* (Laudes du samedi) ; *Exsultavit* (vêpres du mercredi) ; *Intret oratio*

(Complies du samedi) et les antiennes pascales : *Alleluia : Resurrexit Dominus*, etc. ; enfin celle du nocturne de Noël *Elevamini*, et autres du même timbre. On notera aussi la psalmodie du Ve ton des introïts et des psaumes.

L'antienne VI. *O admirabile commercium*, la première de la série grecque du 1er janvier, est le développement d'un thème d'Hypolydien « relâché », c'est-à-dire descendant aux degrés graves (p. 27) (Gevaërt, *op. cit.*, p. 157.)

Dans d'autres pièces assez nombreuses, le degré de *si* s'est abaissé, par la même influence d'attraction mélodique que dans le mode de *ré*, de sorte qu'en Occident aussi bien qu'à Byzance, la gamme de *fa* est devenue une transposition de celle d'*ut*, dont elle diffère par la place des notes de coupure et de teneur.

Les pièces mixtes sont nombreuses dans les modes majeurs.

Par suite de l'altération du quatrième degré, les deux modes d'*ut* et de *fa* se trouvent ensemble assimilés à celui de *sol* dans les six premières notes de l'échelle ascendante. De là, pour les mélodies d'ambitus restreint la possibilité d'être interprétées harmoniquement selon deux modalités différentes. Voir *Sanctus III ad libitum* (G. Bas, *Kyriale*, p. 116 et 117, sous les indications VIII [VI] et VI). On citera, au mode de *sol*, les pièces ne descendant pas au-dessous de la finale (p. 66).

Ces deux modes n'ont pas dans le recueil grégorien la même richesse modale que les précédents. Attribuées par les anciens à certaines cérémonies païennes, les harmonies du système Lydien n'eurent pas la faveur des autres modes au début du culte chrétien. Le fonds primitif de l'Antiphonaire contient en effet peu d'antiennes et un nombre d'hymnes très restreint de ces tonalités. Avant d'appliquer ces modes, hors de Rome, dans les églises des Gaules, — sous l'influence grecque, sans doute, — à des chants d'allure festivale, on les réservait aux mélodies déprécatoires telles que les Lamentations de Jérémie (2), l'introït et le *Kyrie* de la messe des Morts, et divers chants du même caractère. Contrairement à nos habitudes musicales, les anciens gémissaient et suppliaient sur un *ton* élevé et dans des tonalités majeures (3). On comparera, entre autres mélodies, celle du répons *Plange* (samedi saint).

4. La même finale majeure, en dépendance d'une tonique mineure (Tableau U, 3, 4) nous donne une variété modale que semblent représenter des mélodies appartenant pour la plupart aux périodes de Noël et de Pâques.

On rappellera pourtant que la cadence majeure modulant au-dessous

(1) Cette substitution du *si* ♭ au ♮ par l'influence du *fa* est apparente dans la comparaison des antiennes *Exsultavit* (ci-dessus) et *Vestri capilli* (office des Martyrs).

(2) Le récitatif romain des Lamentations provient d'une source juive orientale. On en trouvera la mélodie dans les *Nouvelles Archives des Missions scientifiques*, t. X (1902), p. 182 et 192. Cp. Vigouroux, *Dictionnaire de la Bible*. Article « Musique ».

(3) « La voix des suppliants est aiguë, parce qu'il faut un effort pour prier avec véhémence ». Cp. Ruelle, *Les Problèmes musicaux d'Aristote, op. cit.*, p. 24, note 1.

de la finale allait plus volontiers à la tierce qu'au demi-ton. La recherche de la *sensible* était rejetée comme une imperfection (1).

On peut citer dans cette catégorie (2) :

Introïts : VI. *Hodie scietis* (veille de Noël) ; *Quasi modo* (octave de Pâques).

Communions : VI. *In splendoribus* (Noël) ; *Pascha nostrum* (Pâques).

Antiennes : *Salutare* (Laudes du mardi) ; *Domine refugium* (Laudes du jeudi).

Toutefois ces derniers exemples sont apparentés aux mélodies introduisant l'*ut* grave et représentant les formes de modes « relâchés » contenues dans les pièces suivantes :

Introïts : VI. *In medio* (Docteurs. Cp. 27 décembre) ; *Os justi* (Confesseurs).

Offertoires : VI. *In virtute* (messe des Martyrs). V. p. 59. *Domine in auxilium* (seizième dimanche après la Pentecôte).

Communion VI. *De fructu* (douzième dimanche).

Antiennes : VI. *Mirabilia* (vêpres du vendredi) ; *Alleluia* (vêpres du samedi saint) ; et celles du type *Notum fecit ; Ipse invocabit me ; Benedictus Dominus* (ancien Psautier), toutes trois très archaïques ; puis la série des antiennes *Ubi caritas* (jeudi saint).

Agnus II ad libitum ; Sanctus et *Agnus VIII.*

Enfin les antiennes ornées : *O Christi pietas* (saint Nicolas); *O quam suavis* (Saint-Sacrement) et autres du même type.

Harmonisation des modes majeurs.

Les notes modales sont, en plus de la finale *fa*, sa tierce (*la*) et sa quinte (*do*) dans les mélodies correspondant à l'échelle Lydienne (*do-fa-do*), première forme du mode d'*ut*, et aux trois formes d'Hypolydien normal (U, 11), relâché, et intense (*Ibid.*, 12).

La seconde forme de la gamme de *do*, partagée sur la quinte *sol*, s'harmonise sur notre accord majeur de *do*. CC, 3.

La quinte sert de dominante au V⁰ ton (*do-sol*) ; par transposition (*fa-do*) ; la tierce au VI⁰.

Les repos de phrases se font sur ces degrés, puis, dans les formules développées au grave, sur la quarte de la finale, parfois sur la tierce et

(1) Voir les textes dans D. Mocquereau, *Le Nombre musical*, p. 208.

(2) Dans ces mélodies le quatrième degré manque, ou bien il forme quarte juste au-dessus de la finale (*fa-si* ♭) et les pièces rapportées théoriquement à cette variété peuvent correspondre aux modes secondaires de *sol* (p. 66) ou *ut*.

sur le premier degré au-dessus de cette finale. La cadence sur le demi-ton (sensible) est une particularité du chant grec. Le quatrième degré, qui est facteur harmonique du mode d'*ut* (*do-fa* ; par transposition *fa-si* ♭) n'a pas ce rôle dans le propre mode de *fa*, où le *si* ♮ demeure fixe entre les deux dominantes. CC, 4.

L'harmonisation des deux échelles de *fa* et d'*ut* comporte pour leurs finales la cadence harmonique parfaite. *Ibid.*, 5, *a*, 6, *b* ; 7, 8.

On évite dans les mélodies propres à ces modes et distinguées de la variété des mineurs intenses (p. 27), l'emploi fréquent sur les notes de *fa* et de *la*, de l'accord de *ré* mineur, qui donnerait l'impression de la tonalité de *ré* (1) ; mais cet accord est corrigé par le renversement.

Toutefois cette harmonie convient, comme celle de *la* mineur, au mode non altéré de *fa*.

Au contraire le mode d'*ut* transposé en *fa*, demande l'emploi sur ce quatrième degré, de l'accord de *si* ♭ , qui donne au surplus en cadence plagale une conclusion plus satisfaisante qu'un accord contenant la sensible.

Les cadences intermédiaires reçoivent tous les accords modaux.

II. — Modes de *sol*.

1. *Modes Hypophrygien et Ionien.*
2. *Mode secondaire de sol.*

SEPTIÈME TON (Quatrième authente). HUITIÈME TON (Quatrième plagal).

La finale *sol* représente premièrement les modes Hypophrygien et Ionien ayant pour finale la tonique du mode Phrygien, et la finale de ce même mode pour note de coupure (U, 8). Cette échelle possède les trois formes normale, relâchée et intense (p. 27). A côté de cette coupure sur la quinte, le fond le plus ancien de notre recueil nous fournit une échelle de *sol* divisée sur la quarte, qui ne provient pas directement du système des modes antiques, mais appartient authentiquement au chant oriental et forme toute une subdivision modale de la théorie byzantine (2).

Un autre mode de *sol* s'établit sur la tierce basse du mode Mixolydien, prenant *mi* et *si* pour degrés toniques, différant modalement des deux harmonies précédentes, de la même manière que l'Ionien intense (*sol-si-ré*) se distingue du Mixolydien (*sol-si-mi*).

Les modes de *sol* constituent la plus riche et la plus noble des tonalités antiques. La tierce majeure descendante est accentuée par l'intervalle d'un ton plein au-dessous de la finale. Ce même degré à l'aigu

____

(1) Il est inutile de souligner l'inexactitude de l'harmonisation de *ré* mineur, qui imposerait au *Kyrie* de la messe des Défunts une note conventionnelle en opposition avec la contexture mélodique bien caractérisée.

(2) Quatrième authente, première espèce : *sol*, finale et dominante ; *ut*, tonique et coupure. Bourgault-Ducoudray, *op. cit.*, p. 43, 58, 59. Sur ce renversement de la gamme majeure, voir ci-dessus, p. 28.

devient caractéristique du VIIe ton, formant septième avec la finale et intervalle de triton avec le deuxième degré. De là, pour ce mode en particulier, une tonalité diatonique très franche ainsi qu'une incomparable richesse mélodique, chacune des notes pouvant en effet recevoir les accords secondaires, et les degrés élevés se substituant à la dominante primitive, en même temps que la disposition des notes modales par rapport à la fondamentale facilite l'élévation de la voix.

Ce degré d'un ton entier au-dessous de la finale, degré essentiel à la modalité, prive l'harmonisation de cadence parfaite. En revanche, il permet toutes les formes de cadence plagale sur les degrés *fa-sol*, *la-sol*, *do-sol*, *ré-sol*, *mi-sol*. DD, 4, I, II. En relation mélodique avec le *si* ♮, ce degré de *fa* produit les intervalles *fa-si* et *si-fa* que l'on ne doit pas chercher à éviter par le dièsement du *fa*, sous peine de fausser le mode (1), mais qui justifient au contraire l'harmonisation par l'accord de quinte diminuée ou ses renversements, ressource importante dans les mouvements harmoniques de cette tonalité.

Le *si* ♭ ne peut être attribué au mode de *sol* d'une façon permanente, à moins de ramener l'échelle au mode de *ré* (2).

Les pièces mixtes (*si* ♮-♭) se rencontrent dans les deux tons, VIIe et VIIIe, plus nombreuses dans le VIIIe, par suite de l'importance que prend dans l'autre la coupe *sol-ré*, qui maintient la fixité du *si*.

Les deux divisions principales de l'échelle, par quarte ou par quinte, déterminent dans de très nombreux exemples les deux modalités anciennes.

La coupure par quarte du mode normal est présente dans les antiennes psalmiques des plus anciens offices : DD, 1-3.

Voir également les antiennes : VIII. *Domine clamavi* (vêpres du vendredi) ; *Filii Sion* (Laudes du samedi) ; *Illuminatio mea* (Tierce du lundi) ; *Te decet* et *In innocentia* (Laudes du mercredi), au nouveau Psautier.

Dans le plus grand nombre, la finale est soutenue par le degré de *fa*. Le *si* ♮ subsiste comme note de l'échelle primitive : *Ibid.*, 2.

Ajoutez les antiennes connues : VIII. *De profundis* (vêpres du mardi); *Martyrum chorus* (office des Martyrs) ; *In pace in idipsum* (samedi saint); *Suscepimus Deus* (Nocturne de Noël); *De fructu* (vêpres de Noël) ; *Lumen ad revelationem* (Présentation) ; *Tanquam sponsus* (Nocturne de

______

(1) Comparez les pièces indiquées à la suite, notamment l'alléluia *In die* (cinquième dimanche après Pâques), avec les mélodies correspondantes dans les éditions antérieures.

(2) Comparez les hymnes I. *Vox clara* (*En clara vox*) des Laudes de l'Avent, et VIII. *Te lucis* (Complies de Noël) avec les mélodies correspondantes du premier Antiphonaire (1891).

— 64 —

Noël) *Hymnum dicamus* (Sexagésime) ; *Ab hominibus* (vêpres du jeudi saint), *Beati qui habitant* (Sexte du vendredi).

Le Graduel contient, entre autres pièces, l'offertoire VIII. *Elegerunt* (saint Etienne), les alléluias : VIII. *Angelus Domini* (lundi de Pâques) ; *Fac nos innocuam* (saint Joseph) ; *Venite ad me* (Toussaint), et ceux du thème *Ostende* (Avent) ; et dans l'Ordinaire, le *Kyrie VI* « *Rex genitor* ».

L'échelle s'augmente d'un second degré au grave dans les deux premières phrases du *Kyrie* pascal « *Lux et Origo* ».

La gamme ainsi constituée donne comme degrés mélodiques :

et nous ramène aux modes de *la* (1), *mi*, (2) et *ut* (3).

La coupe par quinte donne une autre classe modale très riche, dont les degrés mélodiques s'échelonnent par succession de tierces au-dessus de la finale :

Ce sont presque en totalité les chants du VIIe ton ayant *ré* comme dominante mélodique.

Plusieurs séries d'antiennes appartenant à ce mode ne descendent pas au-dessous de la finale et montent à la sixte (*mi*), Voir : VII. *Ecce sacerdos* (Confesseurs pontifes) ; *Specie tua* et *Adjuvabit* (Nocturne des Vierges) ; *Cantate Domino* (deuxième vendredi d'Avent) ; *Dixit Dominus* et *Sit nomen Domini* (vêpres du dimanche) ; *Magnificatus est* (Noël) ; *Jubilate* (Laudes du lundi).

D'autres montent au *fa*, degré modal : VII. *Caro mea* (samedi saint) ; *Proprio Filio suo* (vendredi saint) ; *Voce mea* (Complies du vendredi) ; *Oculis ac manibus* (saint Martin).

Le degré de *fa* apparaît aussi au grave, comme soutien modal de la finale dans des pièces d'ambitus divers : *Angelus ad pastores* (Noël) ; *Afferte Domino* (Nocturne de l'Epiphanie) ; *Valerianus* (sainte Cécile).

Par contre les mélodies descendant aux degrés graves, et constituant le mode de *sol* relâché, n'atteignent ou ne dépassent pas la quinte supérieure, sauf développement exceptionnel de l'échelle (Antienne VIII. *Ecce mitto*, deuxième jeudi d'Avent).

---

(1) Comparez les antiennes du type VII. *Ecce veniet* (p. 57) avec I. *Domus mea* et *Domum tuam* (Dédicace).

(2) Comparez III. *Et respicientes* (Pâques), *Hic est discipulus* (27 décembre) avec VIII. *Adhaesit* (10 août, 26 décembre).

(3) Ci-après, p. 66.

Antiennes *Sub throno Dei* (saints Innocents) ; *Juravit Dominus* (Confesseurs Pontifes) ; *Tu es qui* (deuxième jeudi d'Avent) ; *Facta est cum angelo* (Noël) ; *Mirabile mysterium* (Circoncision). Cp. *Kyrie XII « Pater cuncta »*.

On a le type de ces formules graves du mode relâché :

dans de nombreuses antiennes du temps de l'Avent et de Noël : VIII. *In illa die ; Jucundare ; Ne timeas ; Spiritus sanctus ; Ecce ego mitto ; Dabo in Sion ; Jerusalem gaude ; Dicit Dominus : pœnitentiam agite ; Cum ortus fuerit ; Rex pacificus.*

La descente au grave diminue dans la plupart de ces formules l'importance du degré de quinte, et la psalmodie est sur la quarte (VIIIe ton).

L'Antiphonaire nous présente encore dans cette catégorie l'hymne des vêpres du samedi : VIII. *O lux beata (Jam sol recedit)* (1) et celle des Vierges. *Jesu corona* (I).

Le graduel fournit, sous des formes ornementales très variées, une semblable proportion de mélodies de ces modes. On a, avec accentuation des degrés de *si* et de *ré*, les alléluias : VII. *Exivi* (cinquième dimanche après Pâques, où dans l'ambitus de l'octave, le *ré* supporte toutes les cadences :

In die (Quasimodo) et *Post dies octo*, où les reprises mélodiques sont amenées par *fa* ; *Te decet* (dixième dimanche après la Pentecôte), qui introduit les degrés de *si* et de *la* aux pauses intermédiaires ; *Venite* (quatorzième dimanche) ; *Multifarie* (1er janvier), dont l'extension *mi-sol* est exceptionnelle, et où l'on observera le *mi* grave en cadences intermédiaires, et l'insistance du *mi* aigu préparant la montée aux notes plus élevées : *Pascha nostrum* (Pâques) ; *Confitebuntur* (messe des Martyrs au temps pascal).

Introïts : VII. *Aqua sapientiae* (mardi de Pâques) ; *Protexisti me* (Martyrs).

Offertoire VII. *Confitebuntur* (même messe).

On remarquera la prédominance donnée à ce mode dans les chants de la période pascale.

Il faut encore citer, pour l'ascension aux degrés élevés, les antiennes VII. *Mane nobiscum* (troisième mercredi après Pâques) ; *Concede nobis*

(1) Le rapprochement de cette formule d'hymne et des antiennes de la série citée indiquerait l'origine grecque de cette forme de mélodie.

(saint André, p. 36) ; *Veni Domine* (deuxième samedi d'Avent) ; *Omnes sitientes* (premier dimanche d'Avent).

La dominante psalmodique de ce mode est *ré*. On rapprochera le verset du psaume d'introït d'une autre psalmodie ornée, VII. *Benedictus es* (samedi des Quatre-Temps).

Ce degré caractéristique du ton prend dans le mode ionien « élevé » (Iastien intense. Gevaërt), une telle importance, que non seulement il maintient, comme on vient de le dire, le *si* ♮ au-dessus de la finale, mais encore il transporte la terminaison à cette même note, en changeant ainsi le mode de plusieurs pièces : *Sanctus* et *Agnus I*, hymne *Conditor alme siderum* (ci-dessus, p. 56). Les antiennes *Speret* et autres du même thème (*Ibid.*) s'écrivaient un degré plus haut et avaient le *si* comme corde de psalmodie. Comparez la notation du *Sanctus XVIII*.

Ailleurs encore le degré de quinte devient finale de pièces du mode de *sol*, — de la même manière que la quinte *la* termine le *Kyrie IV* « *Cunctipotens* ». — Voir *Gloria I ad libitum*, dans plusieurs de ses incises, outre l'alléluia *Exivi*, cité plus haut, et de l'hymne *Vox clara* (p. 45). On peut aussi comparer les deux récitatifs du *Credo I* et *II* en les ramenant à l'échelle de *sol*.

La division de l'échelle sur la quarte se trouve au Graduel dans un très grand nombre de pièces ornées et d'un ambitus étendu. On indiquera :

De *ré* à *ut* : introït VIII. *In excelso* (dimanche après l'Epiphanie) ;

D'*ut* à *ré* : offertoire VIII. *Elegerunt* (saint Etienne) ;

De *ré* à *ré* : VIII. Introït *Lux fulgebit* (Noël) ; communion VIII. *Memorabor* (seizième dimanche après la Pentecôte) ; trait VIII. *Desiderium* (Martyrs) ;

De *ré* à *mi* : offertoire VIII. *Mirabilis* (Martyrs), alleluia VIII. *Tu es sacerdos* (Confesseurs Pontifes) ; communion VIII. *Video cælos* (saint Etienne) ;

De *mi* à *ré* : offertoire VIII. *Inveni David* (Confesseur Pontife) ;

D'*ut* à *mi* : trait VIII : *Veni sponsa* (Vierges) ;

D'*ut* à *ut*, avec insistance du degré de *fa* aux ictus, le trait VIII. *Qui seminant* ; et, au contraire, avec prédominance du degré de coupure *sol* ; l'alléluia VIII. *Angelus Domini* (lundi de Pâques) ; l'offertoire *Elegerunt* (saint Etienne), — en y ajoutant les formules restreintes des alléluias du type *Benedictus es* (Trinité), les hymnes VIII. *Lucis creator* (dimanche) *Nunc sancte* (II). Voir ci-dessus, p. 38.

La comparaison de l'échelle de ces dernières pièces et du schéma modal des chants du Vᵉ ton analysés p. 58. 59 :

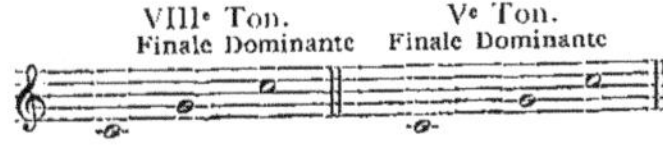

montre que, malgré la distinction des modes, l'on ne peut séparer l'une de l'autre ces deux catégories de chants, où prédominent les degrés d'*ut* et de *sol*.

Le répons lyonnais *Dum duceretur*, cité p. 38, rend manifeste le mélange des deux tonalités, la seconde provenant de la première par la substitution à la finale grave de sa quinte.

En conséquence, l'harmonisation des chants demande sur cette quinte *sol* l'accord de *do*.

L'accord de *sol* appartient aux mélodies de la première classe modale de *sol*.

Dans les deux modes *sol-ré* et *sol-ut*, mais plus souvent dans le premier les repos mélodiques ont lieu sur tous les degrés. Plusieurs, soit les 2e, 3e, 4e, servaient aussi de dominante en vertu de la richesse mélodique d'une tonalité dont l'extension :

peut atteindre presque deux octaves et dont tous les degrés, de l'*ut* grave au *ré* aigu, sont aptes à servir de notes initiales aux intonations et aux reprises d'incises.

Cette analyse modale des mélodies grégoriennes, non moins importante que l'analyse rythmique, représente sans doute un travail attentif, parfois minutieux ; mais son utilité est incontestable et son profit certain.

Pour remplir efficacement son rôle, d'autant plus difficile qu'il est plus effacé et ne constitue qu'un accessoire dans le culte liturgique, l'accompagnateur doit posséder tous les détails du rythme et de la mélodie, au même degré que les chanteurs eux-mêmes.

Un accompagnement ne s'improvise dans ces conditions que moyennant une préparation harmonique dont le résultat doit équivaloir à une réalisation écrite correctement. De très bons accompagnateurs emploient des harmonisations écrites. Aussi bien, les études faites sur l'accompagnement grégorien sont loin aujourd'hui des incertitudes du début et montrent que l'exécution grégorienne ne se contente plus de médiocrités d'harmonie nuisibles au chant, indignes du service d'Eglise, et qu'on ne se permettrait pas pour l'accompagnement d'une romance quelconque, ni même d'un cantique.

Quelle que soit la forme d'accompagnement choisie, l'organiste doit donner à l'ensemble de sa partie le caractère de calme et de gravité propre à la mélodie grégorienne, et se maintenir dans des formes discrètes, en évitant les sonorités qui effaceraient le chant, aussi bien que les intonations bruyantes et les reprises anticipées, qui, sous couleur d'imposer la note, brisent le rythme, contrarient le mouvement et impressionnent mal les auditeurs.

On évitera tout autant, dans l'accompagnement choral, sauf indication contraire, de prolonger les sonorités harmoniques au delà de la durée exacte du chant. Les mains quitteront le clavier en même temps que le chœur terminera, afin de laisser l'auditeur sous l'impression de la finale mélodique et non sous l'influence de l'harmonisation.

Le meilleur soutien à donner aux chanteurs est une harmonie simplement conforme à la tonalité et d'une sonorité douce, obtenue sur l'orgue au moyen des jeux de fonds les moins timbrés.

Un orgue de composition très réduite est toujours préférable, comme soutien vocal, à un harmonium.

Les huit pieds doux suffisent à la réalisation harmonique. On peut, avec les voix d'enfants ou de femmes, employer parfois un jeu faible de quatre pieds. Les jeux de seize, non plus que les pédales fortes, ne conviennent pas pour l'accompagnement du chœur grégorien.

Il importe de ramener les chants au diapason moyen des voix, mais sans se tenir à une transposition uniforme. La dominante de psalmodie varie non seulement d'un chœur à l'autre, mais parfois, dans le même milieu, elle demande à se conformer à l'heure et à la température. Les dernières pièces d'un office, les derniers psaumes d'une série peuvent être pris sur une teneur plus élevée ; le chœur s'accommodera moins du procédé contraire. Pour les pièces non psalmodiques, l'extension de chacune indique sans doute certaines limites relatives dépendantes de la constitution du chœur. D'autre part on tiendra compte de la nature du morceau, aussi bien que du fait que les gammes anciennes ne dépendaient d'aucun diapason rigoureux, et qu'il ne faut pas faire état de la position que leur donne la transcription sur la portée moderne (1).

Les chants du mode de *la* (IIe ton) ne sont rien moins qu'exécutés au grave (Voir p. 49) ; ceux du mode de *sol* élevé (VIIe ton) perdent leur caractère à être transportés trop au-dessous de leur échelle. Ce n'est pas non plus sans intention que les anciens écrivaient sur les degrés au-dessus du médium les mélodies funèbres (p. 60). Enfin, les introïts des plus anciennes fêtes, Pâques, Noël (première messe), Epiphanie, n'auraient plus leur signification liturgique si on les maintenait au diapason de la transcription musicale de leurs mélodies.

Qu'il s'agisse d'harmonisations immédiatement réalisées au clavier ou de l'exécution d'accompagnements écrits, personne n'objectera la durée d'une étude consacrée à cette branche de l'art musical qu'est le chant grégorien.

« Pour comprendre quelque chose au plain-chant, écrivait en 1895 M. C. Saint-Saëns, il ne suffit pas de le pratiquer ; ce serait une étude de toute la vie. »

(1) La question de transposition continuelle se résout pour l'accompagnateur d'après la notation neumatique beaucoup plus aisément que par les notes musicales, qui placent réellement la mélodie grégorienne dans un domaine étranger.

Et, puisqu'il s'agit de la forme d'art propre à l'Eglise, créée par elle pour son culte exclusif, aucune des personnes intéressées à sa pratique et à son succès ne peut reculer devant les moyens mis à sa portée, ni se refuser à comprendre — alors que le goût liturgique renaît parmi nous et que la peinture et l'architecture d'Eglise sont remises en honneur, — qu'il est juste de donner au chant grégorien la même part de préparation que l'on applique à un cantique quelconque.

DEUXIÈME PARTIE

A   Harmonisation de formules mélodiques
en notes intégrantes

B   Notes de passage

C   Notes de passage

Modifications aux notes mélodiques

D   Broderie de Médiaire

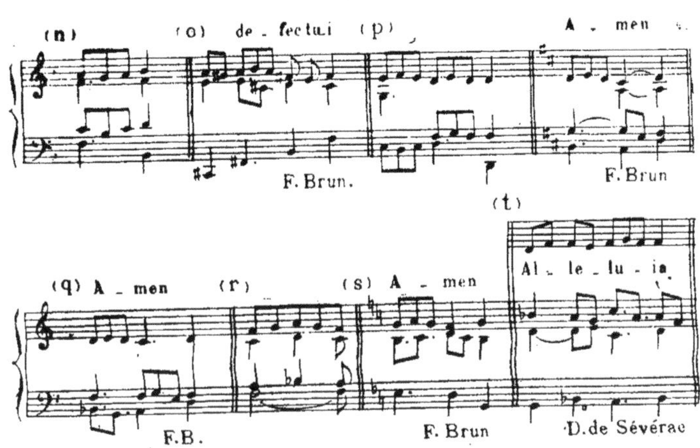

E   Médiaire double

F   Appoggiature

(a)   Appoggiature supérieure (descendante)

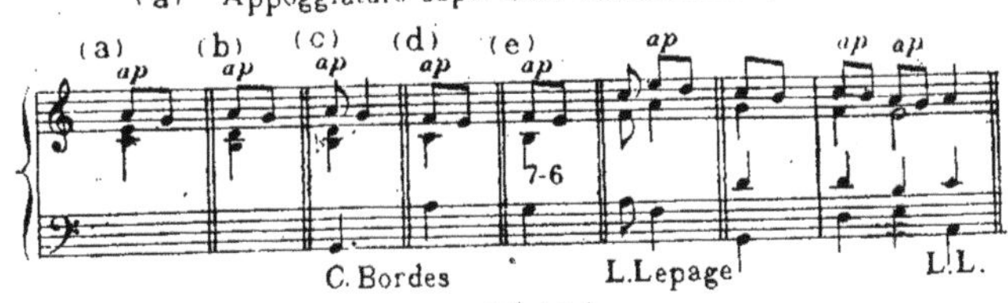

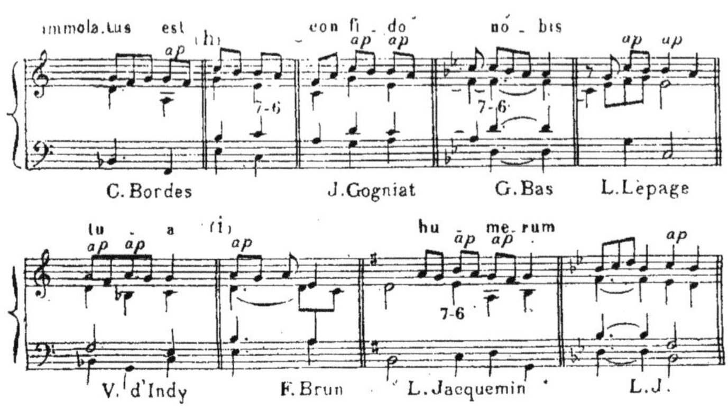

(b) Appoggiature inférieure (ascendante)

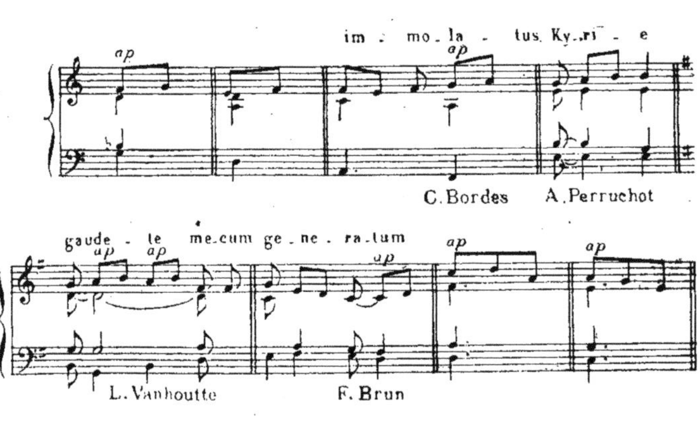

(c) Appoggiature double

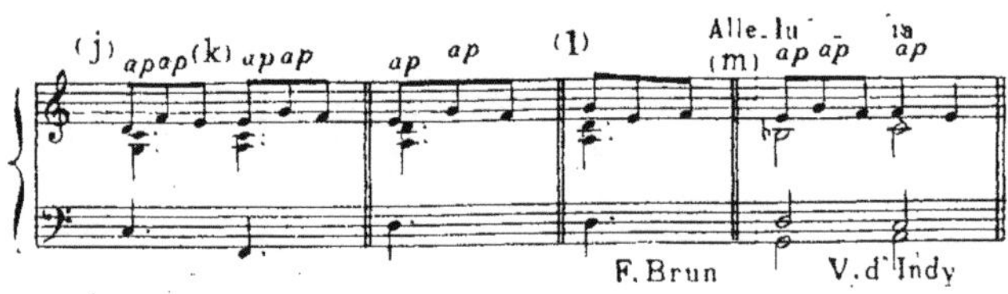

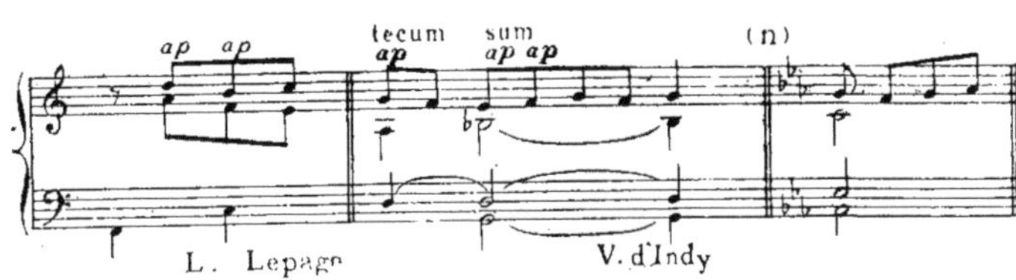

G Appoggiature suivant un accord

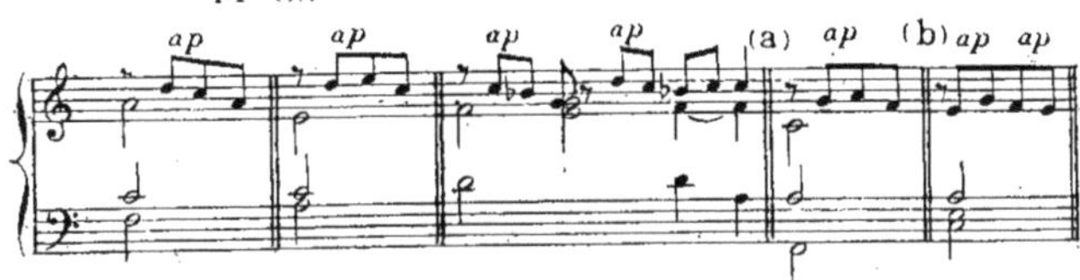

H Appoggiature faible

I Echappée

a Echappée supérieure

(b) Echappée inférieure

J Anticipation indirecte

K Suspension

(a) Suspension supérieure (descendante)

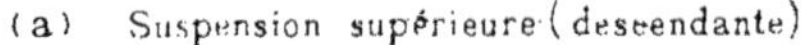
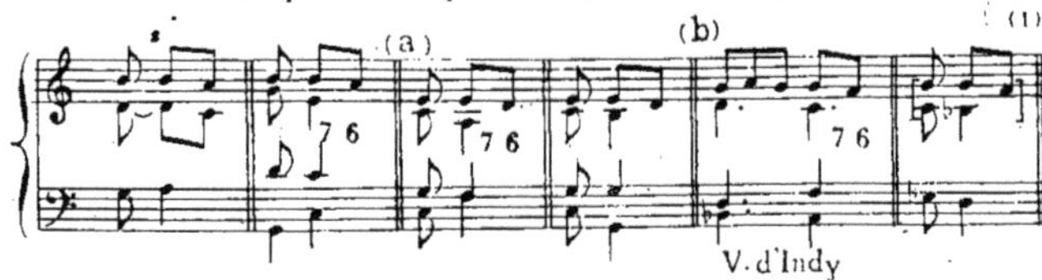

(1) La succession de quintes retardées se fait correctement par le retard du degré grave de la deuxième quinte.

(b) Suspension inférieure (ascendante)

L Suspension dans les parties accompagnantes

M Anticipation

(a) e _ _ le_i_son e_le_i_son (b) Al_le _ lu _ ia
F.Brun M.Orban V. d'Indy
A _ men su _ o e_le_i_son (c)
V.d'Indy C.Bordes G.Ould L.Lepage
N Anticipation en anacrouse
ab_os_ti_o mo_numen_ti Al_le _ lu _ ia
F.Brun C.Bordes C.B.
Christe O sa _ lutaris Quæ cæ_li Da ro _ bur
G.Ould F.Brun
Im _ ple Ky _ ri _ e vi _ di
F.B. G.Ould G.Bas
Glo _ ri _ a Al _ le_lu _ ia
G.B. _ G.B.

O   Pédale
(a)
Ky   ri e   e . le . i . son
p
p   P
G. Bas
communica mus   quo . ni . am Agnus De . i propter   nos   Pa . tri
F. Brun
Ky   ri _ e   e _ le . i . son   Christe   e _ le . i _ son
p   P
b
G. Bas
(e)   An _ te lu . ci   ferum
p   p
p   p
L. Jacquemin
(f)   et   Spi _ ri _ tu   san _ _ cto
F. Brun
(f')   Ky _ ri . e

P Formules harmonisées sur un seul accord

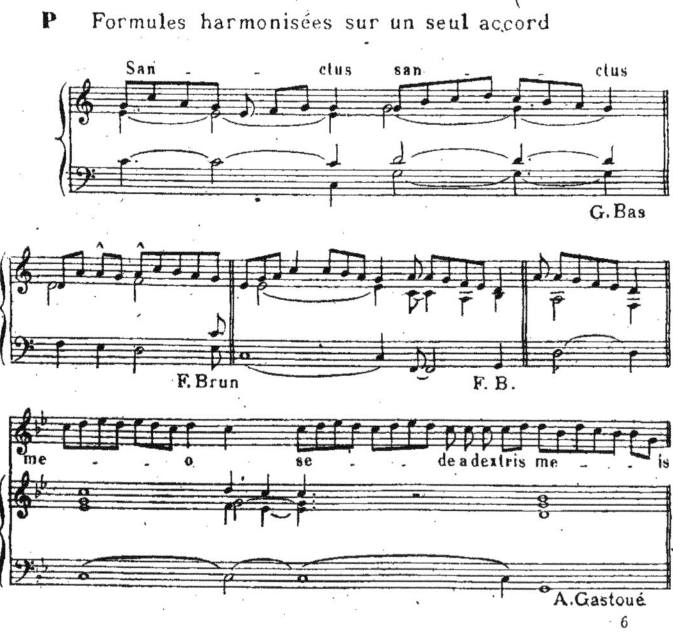

6

Q Notes accidentelles aux parties accompagnantes

R Dédoublement de notes répétées

do na... om nes gen tes
G.B.
me [is
G.B.
Do mi ne a qua rum
G.B. D.Delpech P.J.Vandamme
A.Guilmant E.Brune A.Desmet A.D.
sæ.cu lorum A men Judi cium
F.de la Tombelle F.Brun F.B.
cantant cæli agmina dul.ce.do
F.B. F.B.

S. Accompagnements en tenues d'accords

Post lap_sum
cœ_ li_cus
or_do sa _ cram re _ _ ve_re _ tur virgini _ ta _ _ tem
E. Tinel

HYMNE

Nunc sancte no_bis Spi_ri_tus u_num Pa_tri cum Fi_li_o
Dig_na_re promptus in_ge_ri nos_tro re_fu_sus pec_to_ri
J. P.

TRANSITORIUM

F. Brun
Saluts grégoriens I.1
avec l'autorisation de l'Editeur

TRAIT

T Accompagnement concertant

J.P.

Al.le . lu _ ia

D. Legeay

De.o
gratias
G. Bas

Qui tol_lis peccata mun_di
Ky _ _ ri _ e
G.B.
G.B.
Vir_go prius ac pos_te_ri_us
Su_per omnes speci_o_sa
F. Brun
Nostras de_pre_ca_ti_o_nes ne des_pi_ci_as...
sed a pe_ri_cu_lis cunc_tis li_be_ra nos
F.B.
Di_es e_nim so_lem_nis a_gi_tur in qua
men re_co_li_tur pha_se ve_tus termi_nat
F.B. sal_va_to_rem
F.B.

U Système des modes anciens
par tonalités

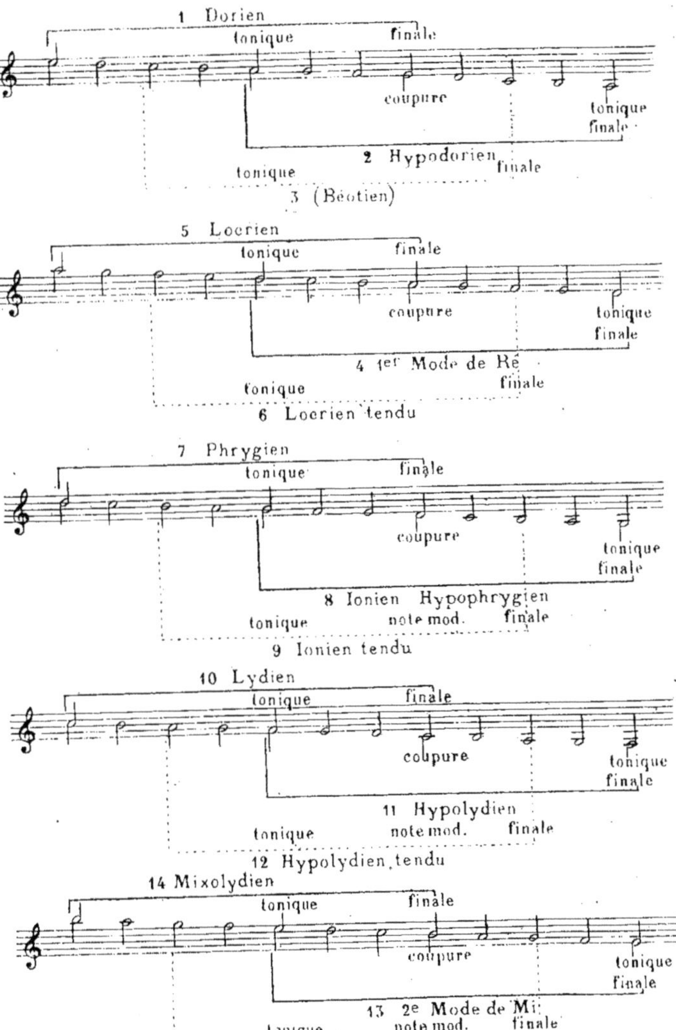

V Système des modes anciens
par changement d'accord (transpositions)

W Emploi de l'accord de Septième

Ky _ ri _ e
san _ ctus
pecca _ ta mun _ di
G.Ould
G.Bas
G.B.
no _ bis Christia.ni
Al _ le.luia
Spi _ ri _ tum
G.B.
C.Bordes
V. d'Indy
d'Ortigue
F.Brun
pecca _ ta solven.do
cæ.li por.ta
ri _ gi.dum so _ lus sanctus
F.Brun
A.Kling
A.K.
G.Bas
tu _ a
sin _ ce _ ri.ta.tis
V. d'Indy
C.Bordes
C.B.
F.Brun
Suppression de la tierce
III
meam
a _ men
A.Gastoué
V. d'Indy
F.Brun
F.B.
L.Jacquemin
_ le.i.son
e _ le _ i.son
Dei Pa.tris
G.Bas
G.B.
G.B.

X Harmonisation de Récitatifs

Y Emploi de l'accord en renversement

(d) fac _ ta allelu. ia   al. le _ luia posui sti   su.per...   me
V.d'I.   V.d'I.   V.d'I.   V.d'I.
(g) Do _ mi _ ne... et co _ gno. vis _ ti me fes _ tum
V.d'I.   F.Brun
cu _ jus solemni. ta _ te   om ni. po. tentem
F.B.   F.B.   F.B.
(l) A _ gnus De. i (m) Ky _ ri _ e (m') Al. le _ lu _ ia
F.B.   F.B.   G.Bas
(n)   lau.da _ mus te (o) bene di (o') ci _ mus te
G.B.   G.B.   G.B.
(p)   le. i. son (q)   e _ le. i. son   Ky _ rie
G.B.   G.Ould

Z   Accord tonal sur les notes initiales

Vic.ti.mae pas.cha.li lau.des im.mo.lent mors et vi.ta
G.B.
Vic.ti.mae pas.cha.li lau.des im.mo.lent. Sanctus
C. Bordes
G.Bas
III Tantumergo Gau.dens e.xalta.bo te IV Sal.ve festa di.es
F.Brun
F.B.
C.Bordes
Re.sur.re.xi V
V.d'Indy
F.Brun
G.Bas
VI Et in ter.ra A.gnus VII Tu es Pe.trus
G.B.
F.Brun
Et in ter.ra Ky.ri.e Al.le luia
G.Bas
G.B.
F.Brun

A a Formules des Modes de LA et de RÉ

1 Antiennes grégoriennes

2 Antiennes ambroisiennes

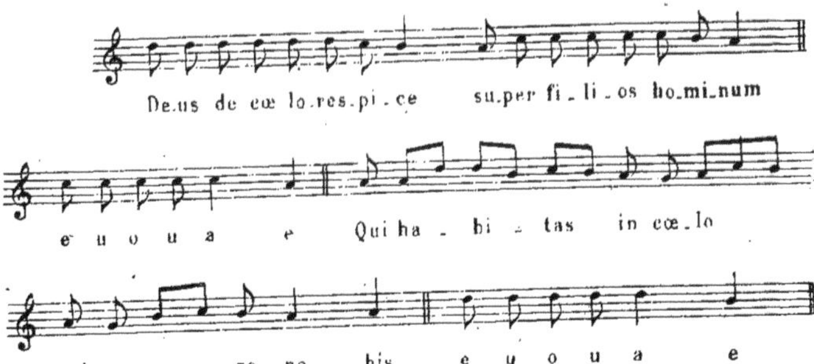

3 Formules orientales

HYMNE DE SYNAGOGUE (Damas) Office du matin (Nouvelles Archives des Missions scientifiques t. X pp 199 et 229)

5 Récitatif du Cantique de Salomon

Synagogue de Damas 1900 Ibid p.189

sit semper vo _ bis _ cum Et cum spi _ ri _ tu tu _ o
ha _ me _ lek ha _ da _ ra w naz ki _ ra do _ de _ ka
mi _ ya _ in me _ sha _ ri m a _ he _ bu _ _ ka
Per om _ ni _ a O _ re _ mus Præs _ ta _ tu _ is
al tir _ u _ ni she _ a _ ni she _ har _ ho _ ret shesza fat ni
et se _ cu _ ra pre _ cur _ rant U _ nus
hass _ ha _ mesh be _ ne .... ha _ ru _ bi she _ me _
au _ _ _ tem ex pro _ phe _ ta _ vit
_ ka al ken
karmi shel _ li lo na _ tar _ ti

7 Récitatif du Pirké Ibid. p. 190

Comparez Alleluia IV Amavit eum et Alleluia I Justus ut palma

8 Harmonies des Modes de Ré et de Là
Mode de Ré

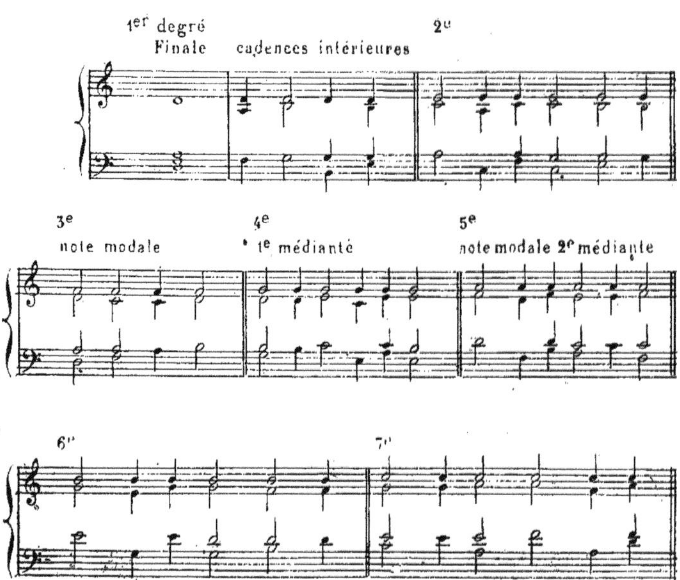

9   Mode de La . En transposition Ré avec Si♭ permanent

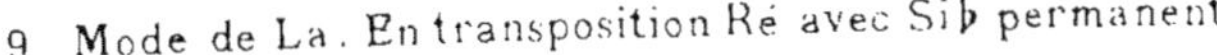

12   Cadence descendante

13 Cadence ascendante

14 Formules du Mode de Le en transposition

mi.se.re.re vidi re.surgen.tis fa.ci.a.tis in ex.cel.sis
C.Bordes
C.B.
G.Bas
G.B.
miseri.cor.di.am tu.am mise.re.re no.bis
A.Lhoumeau
G.Bas
G.B.
orto ca.ri.tas cæli por.ta A men
A.Kling
A.K.
F.Brun
F.B.
ra.di.um so.la.ti.um fi.de.li.um
F.B.
F.B.
F.B.
ad al.te.rum
A.Gevaërt
A.G.
a.gen.dum
L.Lepage
Busschaërt

15 Cadences intermédiaires

e . le . i . son
suncte Spi . ri . tus
G.Ould
G.O.
F.Brun
M.Orban
ky . ri . e
Conso.la.tor op . ti . me
F.Brun
F. B.
G.Bas
op . ti . me
transposition
Et exspecto
F.Brun
Guy Ropartz
F.Brun
L.Lepage
Mi
(b) se mor . tem
F.de la Tombelle
M.Orban
no.bi.lis
ter.ræ
F.Brun
E.Tinel
G.Bas
Fa
salu.ta
re
communicemus
G.Bas
Busschaërt

exi _ tum   Alle _ lu _ ia   Al _ leluia
X. Mathias   F. Brun   F.B.   F.B.
su _ os   ve _ nit e _ nim   Do_mi _ no
X. Mathias   X. M.
Sol   tu _ a   gressus   ri _ gi.dum Kyrie
X. Mathias   X. M.   X. M.   F. Brun   F.B.
tu _ um   sanc _ tus   nostra   ri _ gi.dum omnium
L. Lepage   F. de la Tombelle   F. Brun   L. Jacquemin   A. Kling   Guennant
Alle lu _ ia   ho _ mi.ni _ bus
G. Bas   F. de la Tombelle
me _ um   can _ ti.cum   uni _ ver _ si
X. Mathias   F. Brun   L. Jacquemin

La Ve nit surrexisse
F.Brun X.Mathias G.Bas M.Orban
quias.cen.dit e le.i.son fi.de.li.bus in
G.Bas F.Brun M.Orban
e le.i.son gratia glo.ri.æ vic.tor rex
G.Bas F.Brun G.Bas
di.gni tas vi.tadu.el.lo
X.Mathias X.M. C.Bordes F.Brun
fi.li.a.lis me.mo.ri a stel.la
E.Tinel F.Brun F.B. G.Ould
sta tu.it e.le.i.son sanc tus
X.Mathias F.Brun

sanc _ _ _ _ tus cæ] _ li tus om _ ni po _ tens
A.Gevaert   F.Brun   F.B.
il _ li   e _ um   Da _ vid
X.Mathias   F.Brun   X.Mathias   X.M.
mali gnanti bus   Da _ vid   e _ le _ i _ son
X.M.   X.M.   A.Kling   G.Ould
Si   pati _ un _ tur   su _ _ o
F.Brun   X:Mathias
quam ti _ bi vox at _ tu _ lit   nos con jun ges su _ pe _ ris
E.Tinel
Do   me _ _ us
L.Lepage   L.L.   E.Brun

Mode de Ré

Division sur la quinte . Transposition à la seconde

AGNUS XV G. BAS

Kyriale seu Ordinarium Missæ ad exemplar editionis vaticanæ concinnatum Tournai
Desclée 1906 p.73. Reproduit avec l'autorisation de l'auteur et de l'éditeur

Kyrie X (fragment).

D.G. OULD

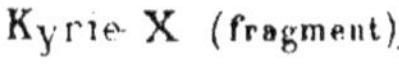

Revue grégorienne Mars Avril 1912 p. 59 Autorisation de l'éditeur

Mode de Ré (Si♭)

Antienne (Epiphanie)

J P

Mode de Ré

Répons

F BRUN

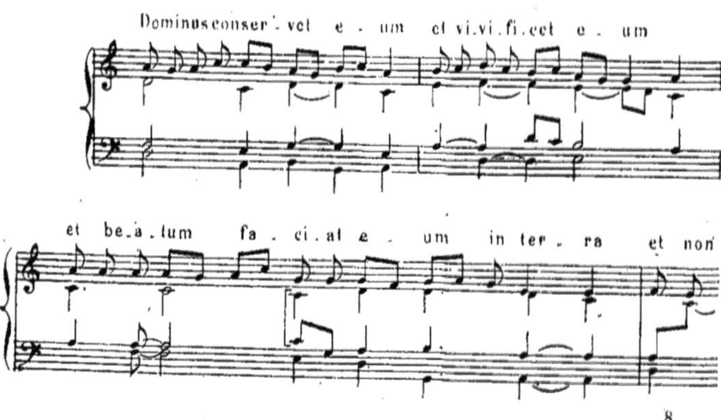

8

F. BRUN. Les Saluts grégoriens. Lyon. Janin, 1.4 (1912) Reproduit avec l'autorisation de l'édi teur.

Mode de La (Ré.Sib)

Antienne de Communion (Messe des Martyrs)

Mode de La II

Antienne et Psalmodie

L. THIRION
Professeur au Conservatoire de Nancy

Mode de La III (Peregrinus)

Antienne et Psalmodie

Bb Formules des Modes de Mi et de Si

6   Récitatif des Livres Sapientiaux

Prov.XXXI,10 Synagogue de Damas.Ibid.p.145

7   Récitatif du Livre de Job

III,1 Ibid.p.193

8   Harmonie des Modes de Mi

9   Mode de Si

Cadence descendante

10   Cadence ascendante

11   Cadence sur le cinquieme degré

12   Formules transposées

13 Cadences intermédiaires

— 123 —
V. d'Indy
V. d'I.
V. d'I.
L. Jacquemin
Wagner.
L. Lepage
L. Jacquemin
Sol
et ter _ ra
F. Brun
F. B.
F. B.
procedit uni _ geni _ tum
F. Brun
L. Jaequemin
F. Brun
F. B.
gloriæ tu _ æ
Ja _ cob
De o
F. Brun
L. Jacquemin
L. Lepage
et ter _ ra om _ ni _ potentem
Do _ mine
Do _ minum
om _ nes
Wagner
F. Brun
L. Jacquemin
L. Lepage

De_o ve_ro
Pi_la_to
Pi_la_te
A. le Guennant
L. Jacquemin
L.J.
G. Bas
mortu_os
V. d'Indy
V. d'I.
F. Brun
La
di_e
Je_su Chris_te
Da_vid
F. Brun
F.B.
A. Desmet
tu_um ve_runr quo_que candida_tus laudamus te
Ma_riam
F. Brun
F.B.
G. Bas
F. Brun
Pa_tri sancto cæ_lum sanctus
L. Jacquemin L.J.
L.J.
L.J. Wagner
G. Bas
a_ver_tis_ti sæ_cu_li Jesum Christum
L. Jacquemin
F. Brun
F.B.
Wagner

Si
Do.mi.nus   Fi.li   e.rat ni.mis   De.us
F.Brun   P.J.Vendamme   L.Thirion
vani.ta.tem Judæ.a
L.Thirion   F.Brun   F.B   G.Bas   G.Bas   L.Jacquemin
Do
G.Bas   F.Brun
Mode de Mi (transposition à la quinte)
GLORIA XIV   G.BAS
Et in ter   ra   pax ho.mi.ni.bus   bo.næ
vo.lunta.tis Lau.da.mus te   Be.ne.di.ci.mus te
Ad.o.ra.mus te   Glo.ri.fi.ca.mus te

KYRIE. Fons bonitatis   Dominante Ut   F. BRUN

Abbé F. BRUN Organum comitans ad *Kyriale* seu *Ordinarium missæ* juxta Vaticanam
Accompagnement à 5 parties pour orgue ou harmonium Lyon, Janin 1912 p 11. Autorisation
de l'éditeur.

Mode de Mi Psalmodie sur la seconde dominante

Antienne du Mandatum

Mode de Si

Répons. bref

L. THIRION

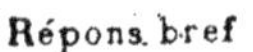

Mode de Si

KYRIE (Deus Genitor) XVIII F. BRUN

A

Abbé F. BRUN Kyriale, p. 88.

Transposition A. LE GUENNANT

B

A. LE GUENNANT *Vade mecum paroissial* Accompagnement d'orgue ou d'harmo _ nium pour le Kyriale Vatican, la Messe des morts et les Funérailles Saint-Laurent-sur-Sèvre Biton, éditeur 1910 p. 52. Avec l'autorisation de l'éditeur.

J. P.

C

9

Kyriale p. 79 avec l'autorisation de l'auteur et de l'éditeur.

SANCTUS XVIII

F. BRUN

(1) Cp. V d'INDY, Cours de composition p.78, nota 1.

Benedictusquivenit in nomine Domini   Hosan   na in excel . sis
J. P.
Hosan . na in excel . sis   in excel . sis
G. Bas   A. Le Guennant
Antiennes et Psalmodie   L. THIRION
Lau . da Jeru . sa . lemDominum   eu ou a e
1
Lauda . te . Do . mi . num omnes gen . tes   e u o u a e
2
Ce   Formules des Modes d'Ut et de Fa

1
Ad . or . na... Si .   on... no . vi
Re . quiem æ . ter . nam do . na . e .

3   Harmonie du Mode d'Ut

4 Harmonie du Mode de Fa

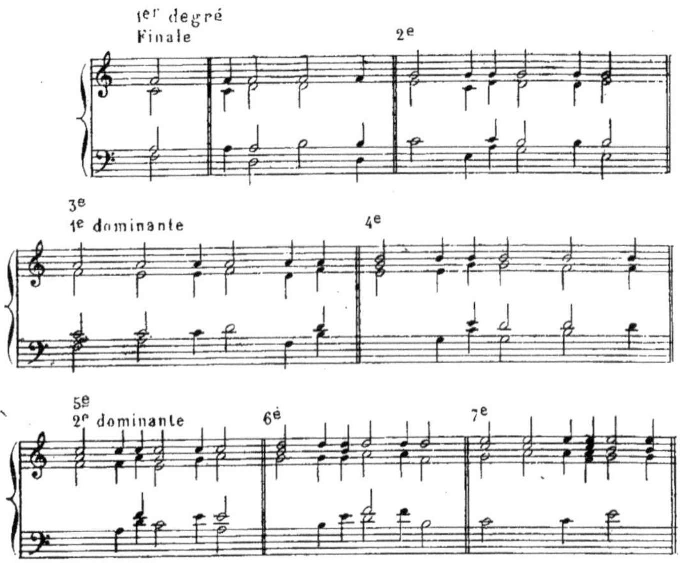

Formules du Mode d'Ut

5 Cadence descendante

6   Cadence ascendante

Transposition

7   Cadence descendante

8   Cadence ascendante

Cadence descendante

(b)
alle.lu _ ia
G.Bas
C.Bordes
no _ bis al.le _ lu _ ia
Domi _ num
F.Brun
C.Bordes
L.Lepage
X.Mathias
cru _ cem
e _ le_i_son
L.Vanhoutte
et nunc et semper
e _ i
G.Bas
G.B.
su _ per hanc pe _ tram ge_nu_is _ ti
G.Bas
G.B.
F.Brun
tu _ e _ a _ ris
san _ cto
F.Brun
E.Brune
A.Kling

10   Cadences intermédiaires

La
mundi Dominus Domini loquetur ca_ro
F. Brun F. B. L. Jacquemin L. J.
Christe species gloire Israel J'ai vu le Christ
F. Brun L. Jacquemin C. Bordes
Do
Dominum meum san _ ctus do_cu_mentum confunde _ bar
C. Bordes F. Brun F. B
re _ gnum lo _ que_bar sanctum ejus _ e_ia er_go
X. Mathias L. Jacquemin A. Kling
11 Transposition (Fa _ Si♭)
Sol
C. Bordes A . le Guennant A. G. Raffy
La
corde Chris_te ter_ra super nos principio
X. Mathias F. Brun F. B. F. B. F. B. C. Bordes

Si b
Do _ mi _ ne
X.Mathias

Do
e.pu _ le _ mur al_le_lu_ia peccatamundi tu_am
C.Bordes
C.B.
F.Brun
F.B.
in_tel_lec_tus
Pe_trus
F.Brun
X.Mathias
L.Jacquemin
G.Bas
nomi_ne Domini Kyri_e
Domini Kyri_e
L.Vanhoutte
F.Brun
G.Bas
F.Brun
F.B.
Ré
u_te_ro
luciferum
F.Brun
F.B.
Mi
tu_o_rum Domi_ne

Mode d'Ut

L. THIRION
Professeur au Conservatoire de Nancy

Antienne

Mode d'Ut transposé

Rythme

F. BRUN[1]

(1) LES SALUTS GRÉGORIENS 4 avec autorisation de l'éditeur

Virgo mater edidit Virgina li u te ro Benedi camus Domino

Mode de Fa (Si♮)

Antienne du Mandatum
transposition à la tierce
Domi ne tu mi hi la vas pe des?
Respondit Jesus et di xit e i: Si non la ve ro ti
hi pe des, non ha be bis par tem me cum.
Quod e go fa ci o tu nescis mo do: sci es autem poste a
J.P

Communion Fête de Saint Thomas   L. JACQUEMIN

Accompagnements nouveaux et très faciles du chant des Offices par l'abbé L. Jacquemin Pro
_fesseur au Petit Séminaire de Saint Charles de Chauny (Aisne) 1er fascicule 1912 p.14. Reproduit
avec autorisation de l'auteur.

Communion   G. BAS

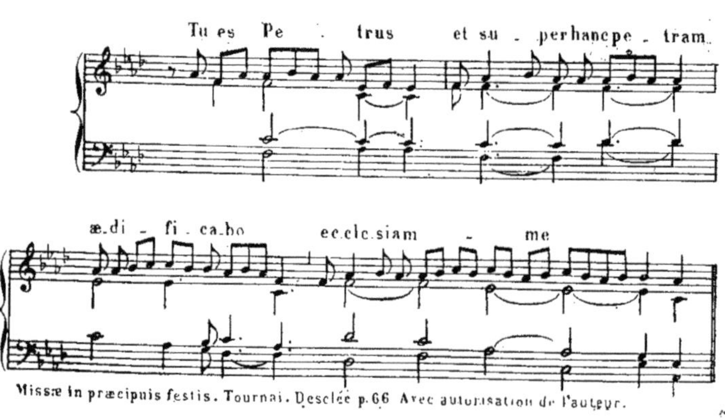

Missæ in præcipuis festis. Tournai. Desclée p.66 Avec autorisation de l'auteur.

Agnus VIII

Mode de Fa (échelle mixte)

Offertoire de l'Epiphanie

L. LEPAGE

Traité de l'Accompagnement du Plain Chant par l'abbé L.LEPAGE organiste à l'église métropolitaine de Rennes. 2ᵉ partie p. 93. Rennes, Bossart Bonnel (1900) Avec au_ _torisation des éditeurs.

D d   Formules du Mode de Sol

Échelle ancienne divisée sur la quinte

Échelle harmonique de Sol

I. Sol - Ut - Sol

II. Sol - Ré - Sol

4   Formules modales

I. Cadence descendante

volun.ta . tis
Pa _ tris rese.xi.mi.æ
A.Lhoumeau
G.Bas
X Mathias
F. Brun
G.Bas
Domi _ ne
F. de la Tombelle
F de la T
E. de Groote
A. Desmet
cru.ce di _ cens sanc _ to tu _ um
L. Vanhoutte
A. Desmet
E. de Groote
Alleluia
G Bas
F. de la Tombelle
L. Jacquemin
in terra vi.venti.um e_le _ i _ son
G. Bas
G.B
F. Brun
glo. ri. am. tu _ am
F. Brun
F.B.
L. Jacquemin

non e _ ru _ bes _ cam
P. Chassang
J. Gogniat
ne _ cessi _ ta _ ti _ bus nos sem _ per
A. Kling
A. K. L. Lepage G. Bas
vir _ gi _ ne est na _ tus o _ vi _ um pasto _ rem pec _ ca _ ta sol _ ven _ do
li _ beranos semper e _ le _ i _ son A _ men Al le _ lu _ ia
F. Brun
G. Bas
G. B.
Cadence ascendante
F. Brun
Niederm.
G. Bas
Je _ su Christe
F. Brun
F. B.
X. Mathias
G. Bas

E. de Groote
E. G.
P. Chassang
E. de Groote
X. Mathias
A _ men
F. de la Tombelle
F. Brun
F. B.
G. Bas
a _ gi _ tur ve _ ri _ tas no _ vi _ tas
G. Bas
Cherubim et Se _ ra _ phim prophetæ et a _ posto _ li
A _ men
F. Brun
A _ men
F. Brun
F. B.
F. B.
E. Gigout

II Cadence descendante

Cadence ascendante

Cadences intérieures

Agnus De . i   peccata mundi   con.fi   do   lau.damus te
F.Brun   L. Jacquemin   L.J.   G.Bas
glorifica.mus   te   nonre.bus   De.i   exs.pec.tant
G.Bas   F.Brun   F.B.   Cogniat
al . le . lu . ia   e   jus   nos. trum
M.de Ranse   G. Bas   G.B.
Je . sus   vo . cis   Agnus De.i
G.Bas   G.B. Niedermeyer   Bl.Lucas
peccata mundi   Agnus De.i   peccata mundi
L.Jacquemin   G.Bas
Si
A.Desmet   E.de Groote   F.de la Tomb.   F.Brun   F.R.

specia _ lis mensacæ _ næ Deum
L. Jacquem. L. Lepage
F. Brun L. Jacquemin
Deus ado. ra_muste
G. Bas
G.B.
Do
cæ _ lum Je. sum stan. tem Si _ on
M. de Ranse
L. Jacquemin
exsulta_ve _ runt cœ_li et terra Christia_ nis
L. Jacquemin
F. Brun
F.B.
propterea sanc _ tus quem
X. Mathias L. Jacquemin G. Bas G.B. L. Jacquem.
Ré
la. va _ bisme al.tissi _ mus
G. Bas
G.B.
F. Brun E. de Groote

panis
F.Brun   G.Bas   F.Brun   Busschaërt   A.Desmet   F.Brun
no . bis so nus adveni
A.Guilmant   E.Gigout   J.Gogniat   G. Bas
om . nes
F.Brun   F.B.   G.Bas   L.Jacq.
F.Brun   E.deGroote   G.Bas   G.B   F.Brun
Mi
et nunc et semper
F. Brun   F.B.
me . a eum de . pre . cor
L.Jacquemin   A Guilmant.   X. Mathias

E. de Groote   L. Vanhoutte   L. Jacquemin   F. de la Tomb   G. Bas
Fa
vir. tu
tis
E. de la Tombelle
F. Brun
me . am
tu
am
L. Jacquemin
G. Bas
L. Jacquemin
planta _ ta   super
vos
F. Brun   L. Jacquemin   F. Brun   F. B
Mode de Sol   Coupure sur la quinte   G. BAS
Transposition à la seconde
Ec-ce panis an.ge.lorum   Factus ci.bus vi.a . to.rum
Ve.re pa.nis fi . li.o.rum   Non mittendus   ca . ni bus

Missæ de præcipuis festis pp. 46 47. Autorisation de l'éditeur.

Mode de Sol   Coupure sur la quinte

Antiennes VII

F. BRUN

Saluts grégoriens t. 4 p. 5. Autorisation de l'éditeur.

J.P.

Mode de Sol   Coupure sur la quarte

HYMNE VIII.

Antienne et Psalmodie

11

Alleluia du Patronage de Saint-Joseph   J. Gogniat

de cur _ _ _ re _ re vi _ tam
sit _ que tu _ o sem _ per tu _
ta Pa _ tro ci _ ni _ o
+On reprend à ce signe ✳ les vocalises d'Alleluia.

TABLE ALPHABÉTIQUE DES MATIÈRES TRAITÉES ET DES PIÈCES CITÉES.

TABLE GÉNÉRALE

9 782019 957155